플랫폼 경제와 공공의 역할

플랫폼 경제는 공정 할 수 있는가?

"경쟁하지 말고 독점하라."

페이팔 창업자인 피터 틸(Peter Thiel)이 한 이 말은 플랫폼 경제 시대의 성공이란 무엇인지를 본질적으로 꿰뚫은 표현이라고 할 수 있다. 물론 그가 한 말의 숨은 뜻은 다른 회사가 모방하지 못하는 강하고 독점적인 사업 모델을 가지라는 것이지 인수합병으로 시장을 독점하라는 것은 아니다.

또한, 그가 국내에 방문했을 때 한 인터뷰에서 언급했듯 스타트업은 항상 기존의 규제에 적응해야 한다. 기존 산업과 이해관계자를 보호하기 위해 만들어진 각종 법안과 규제 사항을 일방적으로 없어져야 할 적폐로 규정한 채 산업구조의 혁신이나 시장 개혁 등, 그럴듯한 모토를 내세우며 본인들 서비스의 우수성만을 주장해서는 안 된다.

창업가와 스타트업은 기존 산업과 이해관계자들을 서로 존중하며 상호 협력적인 관계를 바탕으로 사업을 전개해야만 사회적 공감대를 이끌어내고 지속 가능한 사업을 만들어나갈 수 있다. 사회 공동체에 대한 기본적 숙고와 공감대 없이 만들어진 스타트업의 신규 서비스들은 기존 산업과의 분쟁을 유발해 결과적으로 스타트업에 대한 부정적인 인식만을 강화할 뿐이다.

한때 스타트업은 보호해야 할 미래 사업의 보고로 여겨지기도 했다. 국민은 스타트업의 성장과 발전을 응원하며 그들이 해외 유수의 스타트업과 어깨를 나란히 하길 원했다. 스타트업의 공정성과 공익성에 대해 거론하는 사람은 극소수에 불과했을 정도다. 그러나 스타트업이 과감하게 성장해나가며 기존의 사업을 뒤흔들기 시작하자 상황은 달라졌다. 이제는 과거와는 다르게 우리 스타트업에 보다 높은 기업가 정신이 요구되고 있다. 그동안 우리 공동체들이 만들어 놓은 사회적 관계와 가치에 대해 올바르게 인식하고, 필요할 경우 대책을 마련하라는 쓴소리도 서슴지 않는다. 쓴소리를 보태자면, 이는 국민적 요구가 없어도 스타트업 스스로 나서서 해결해야 할 일이다. 사업 하나하나에 우리 사회와 상생하기 위한 여러 장치를 세세하게 만들지 않는다면 테라/루나 사태처럼 기술을 맹목적으로 신봉하는 사람들로 인한 스타트업의 비윤리적 인재(人災)는 언제든지 발생할 수 있을 것이기 때문이다.

스타트업의 혁신 기술이나 서비스가 모든 것에 해결책이 될 수는 없다.

스타트업과 창업가는 도구적 기술의 필수 조건인 윤리적 문제의 해결과 사회적 가치의 추구를 위해 심도 있는 통찰과 관심을 통해 우리 공동체와 상생할 수 있는 스타트업의 성장 방법을 모색해야 한다.

상생을 위한 디지털 세상의 윤리적 가치 절실

세계경제의 저성장 흐름에도 불구하고 2022년 상반기 기준, 국내에는 스타트업 약 3만 6천 개 회사가 약 76만 명을 고용하고 있다. 그중 유니콘 스타트업, 즉 기업 가치가 10억 달러(한화 약 1조 원) 이상이고 창업한 지 10년 이하인 비상장 스타트업도 23개사에 달한다.

국내 유니콘 스타트업 대부분이 플랫폼 기업으로, 코로나19를 거치면서 급속한 성장을 이루었다. 여기에 대한민국 스타트업 특유의 역동적이며 도전적인 성향과 우수한 IT인프라까지 더해져 그 어떤 나라보다도 플랫폼 기반의 스타트업 창업이 활발하게 이루어지고 있다. 정부의 스타트업에 대한 각종 지원 및 해택들 역시 다양하고 폭넓게 펼쳐지고 있어 많은 스타트업들이 유니콘을 향해 달려갈 수 있도록 마중물 역할을 하고 있다.

정치권 역시 창업 및 스타트업 지원에 있어서는 여야 구분 없이 사실상 한목소리로 최대한의 지원을 약속하고 있다. 하지만 규제 부분에 있어서는 아직까지 4차 산업혁명과 플랫폼에 대한 학습이 충분히 이루어지지 않고 명확한 논리적 뒷받침이 없음에도 불구하고 관련 정치인들의 이슈 선점식 법안 발의가 끊임없이 이루어지고 있다. 이런 현상에 전문 기관은 물론 많은 창업가와 스타트업들이 우려의 시선을 보내고 있는 것이 사실이다.

우리나라와 같이 작은 나라에서 토종 플랫폼이 살아남고 매년 다이내믹한 스타트업들이 계속적으로 나오는 것은 고무할 만한 일이다. 그러나 사업이 성장하면 성장할수록 규제와의 싸움, 기존 산업계와의 마찰 등으로 인해 현실적으로 사업과 서비스 자체에만 집중할 수 있는 창업가와 스타트업은 드물다.

많은 스타트업이 처음에는 대부분 우리 사회의 작은 문제들을 해결하고 대중들에게 보다 나은 생활과 편리함을 주기 위해 사업을 시작한다. 과거에는 불편함만 해결하면 다들 좋아할 것이라는, 어찌 보면 순진한 생각으로 사업을 시작했다면, 이제는 편리함과 사회적 여파를 고려하는 등, 다각도로 고민해야 하는 상황에 놓였다.

지속 가능하고 확장성 있는 사업을 위해서는 일시적인 편리함을 제공하는 방향에서 벗어나 사회적 가치와 윤리적 가치에 부합하고 공동체와 함께 상생할 수 있는 방향으로의 패러다임 전환이 필요하다.

사회와 공존하는 지속 가능한 플랫폼 필요

우리는 초연결 사회(Hyper-connected Society)[1]에 살고 있다. 우리가 하루에도 수차례 사용하는 인터넷을 비롯해 소셜 네트워킹 서비스,

---

1) '초연결'이라는 단어는 2008년 미국의 IT 컨설팅 회사 가트너(The Gartner Group)에서 처음 사용한 말로, 인간과 사물이 네트워크로 밀접하게 연결된 현상을 말한다.

IoT(internet of things : 사물 인터넷) 등이 인간과 인간, 인간과 사물, 사물과 사물 등을 연결해준다.

초연결 사회의 핵심은 데이터다. 데이터를 생산하는 노동은 어느 때보다 사회적이며 그렇게 생산된 데이터는 공공재적 성격이 강하다. 불특정 다수의 개인이 생산한 데이터를 조직에서 자본으로 활용하는 데이터 경제가 지속되려면 조직은 필연적으로 사회적 가치를 창출해야 한다.

플랫폼 경제에서 시민의 저항은 산업혁명 시대의 노동운동처럼 날로 심해지는 불평등과 양극화로 인해 더욱더 조직적으로 일어나고 있다.

과거 산업혁명 이후 자유방임주의 경제정책으로 인해 노동자들의 삶이 비참해진 것과 마찬가지로 플랫폼 경제의 과열이 플랫폼 노동자들을 곤경에 빠뜨리고 있다.

거의 100년이 흐른 시점이지만 자본가들의 물질만능주의는 변함이 없고 또 이로 인한 사회적 문제는 아직도 현재 진행형이다. 자본가들과 기업가 모두에게 필수적으로 요구되는 사회적 가치에 대한 의식은 과거에 비해 오히려 뒤떨어졌다. 얄팍한 상황 모면 및 여러 가지 사회적 장치를 동원해 합법적인 방법으로 겉으로는 그럴듯하게 '인류의 미래를 바꾸어 놓는 위대한 혁명가'와 같은 멋진 말로 포장하지만, 실체를 들여다보면 그 안에 탐욕이 도사리고 있을 뿐이다.

이제는 진정으로 더 많은 사람들이 경제적 주체가 되고 공유, 공생, 지속가능성과 같은 사회적 가치를 더욱더 추구해야 하는 시점이다.

2022년 11월

판교에서

From Peter S.M. Hong,

this book dedicated to my awesome friends,
lina and jake in Huntington Beach.

CONTENTS

Chapter 1

플랫폼 시대를
살다

01

플랫폼의 배신

플랫폼 성공신화에 감춰진 비밀

우리는 디지털 세상에 살고 있다. 핸드폰에 다운받아 놓은 무수한 어플리케이션이 그것을 증명한다. 핸드폰 하나만 있으면 식재료를 사고, 옷을 사고, 식사를 배달시키고, 음료도 미리 주문할 수 있다. 낯선 여행지에서 쉽게 숙소도 구할 수 있고, 집도 살 수 있다. 다양한 콘텐츠 플랫폼을 통해 각종 정보와 뉴스를 접하고, 영상 플랫폼에 동영상을 업로드하거나 영상을 공유하며 즐길 수 있다. SNS로 자신의 이야기를 전하기도 하고 타인의 생활을 엿보기도 한다.

똑똑한 디지털 기업 덕분에 우리 생활은 초스피드로 디지털 전환이 이루어졌고 생활은 더욱 편해졌다. 가랑비에 옷 젖듯 느끼지 못하는 사이 플랫폼의 편리성에 잠식당했고 이제는 플랫폼 없는 생활을 상상할 수 없게 되었다.

코로나19로 자유로운 일상생활이 어려워지면서 플랫폼은 더욱 유용해졌다. 물론 많은 자영업자들이 매출에 큰 타격을 입었지만, 그럼에도 불구하고 디지털 세상은 최대 수익을 창출했다.

그런데 마냥 행복한 미래가 펼쳐질 것이라 꿈꾸게 했던 디지털 세상이 점점 불편해지기 시작했다. 대중의 편익을 위해 제공되는 플랫폼이라 여겼던 것들의 속내가 속속 드러난 것이다. 사용자는 사용의 편리함에 현혹되어 디지털 기술이 어떤 과정을 통해 공개되고, 경쟁력을 가지는지, 그리고 그것이 얼마나 어마어마한 부가가치로 이어지고 있는지를 눈치 채지 못했다. 똑똑한 디지털 리더들은 대중의 편익을 위해 플랫폼을 개발했다고 말하지만 승자독식(Winner Takes All · WTA) 효과에 힘입어 독과점이 심해졌고 기존 산업을 붕괴시키기에 이르렀다. 이는 비단 국내에서만 일어나는 문제는 아니다. 전 세계적으로 플랫폼 독점기업이 생겼고 각 국가에서는 이를 현명하게 풀어내기 위해 고심하고 있다.

흔히 GAFA(Google, Amazon, Facebook, Apple) 라고 불리는 거대 초국적 플랫폼 기업의 경우, 사실상의 독과점 지위를 행사하고 있다. 이들의 영향력과 점유율이 점점 커지면서 전 세계 규제 기관은 다양한 공익 목적을 표방하며 플랫폼 서비스의 독주를 막기 위해 애쓰고 있는 상황이다. 특히, 유럽연합(EU)과 미국은 플랫폼에 대한 법적 규제 도입을 적극적으로 서두르고 있다. EU 의회의 경우 2022년 7월 5일 거대 초국적 플랫폼 기업들을 '게이트키퍼'로 규정하고 불공정 행위를 금지하는 디지털시장법(Digital Markets Act)과 불법·유해 콘텐츠를 제어하는 디지털서비스법(Digital Services Act)을 통과시켰으며, 2023년부터는 플랫폼 규제 법안이 본격적으로 시행될 것으로 예상된다. 미국 역시 2021년 6월 11일 하원의 법제사법위원회 산하 반독점 소위원회를 통해 민주당과 공화당 공동으로 플랫폼 기업을 규제하기 위한 '플랫폼 반독점 패키지 법안'을 발의한 상태다.

어떻게든 거대 플랫폼 기업의 독주를 막으려 각종 법안을 정비하는 해외와 달리, 우리는 다소 소극적인 행보 중이다. 물론 우리나라에서도 정부와 업계 사이에 치열한 논쟁이 벌어지기는 했다. 그러나 대대적 규제에 무게중심을 둔 외국 사례에 비해 우리의 고민은 한결 가벼운 주제에 머물렀다. 정부 주도의 일률적 규제를 할 것인지, 아니면 업계가 주도하는 자율 규제를 할 것인지를 정하는 정도였기 때문이다. 여러 차례의 격렬한 논의 끝에 결국 업계가 주도하고 정부가 정책으로 지원하는 자율 규제가 선택되었고, 윤석열 정부 출범 후부터 계속 이 방침을 유지 중이다. 이러한 선택을 한 주요 이유로는 한국의 플랫폼이 아직까지는 글로벌 기업 비해 소규모라는 점, 정부의 성급한 규제로 인해 기업의 자율성과 혁신을 해칠 수 있다는 점, 그리고 해외 기업과 국내 기업에 동일하게 적용할 수 없는 규제 사항이 있다는 점을 꼽을 수 있다.

전 세계의 많은 나라들이 플랫폼 기업의 독과점을 견제하기 위해 기업의 사회적 책임 강조와 더불어 정부 주도의 다양한 규제안을 통해 적극적으로 나서고 있는 상황에서 우리 정부는 직접 규제 보다는 업계의 자율 규제에 힘을 실어준 것이다. 물론 정부에서도 다각도로 고려하여 결정한 사항이겠지만, 이미 거대하게 성장해버린 플랫폼 기업이 기존 산업을 뒤흔들고 있는 지금, 규제의 칼자루를 업계에 쥐어준 데는 다소 아쉬움이 남는다. 플랫폼 기업의 자율 규제가 사실상 면죄부가 되어 시장을 혼란스럽게 만드는 일이 없도록 기업과 정부, 정치권 및 시민단체의 노력과 관심이 필요하다.

     —— 플랫폼 경제와 공공의 역할

플랫폼은 왜 문제아가 됐을까?

2000년대 이후 빠르게 확장된 4차 산업 및 플랫폼 경제 환경에 발맞추기 위한 각국의 치열한 노력이 시작됐다. 여러 국가와 기업들은 정책의 방향성을 주로 기술 개발에 매진했고, 이는 우리도 마찬가지였다. 새롭게 열린 시장을 선점하려면 빼어난 기술이 우선이었으니 어찌 보면 당연한 노력의 일환이었다. 지금의 우리는 기술 개발로 인한 심각한 폐해를 알고 있지만, 당시에는 이로 인해 야기될 여러 사회적 문제가 드러나기 전이었으므로 이 부분에 있어 상대적으로 주의를 기울이지 못한 게 사실이다.

공공에서는 문제가 있을 때마다 큰 정부론과 작은 정부론에 근간을 두고 규제 아니면 방관이라는 이분법적인 선택을 주로 했다. 하지만 급변하는 4차 산업 시대를 맞이하면서 기존 산업과 새로운 산업의 충돌이 빈번해졌고, 단순한 이분법적인 사고로는 날로 다양해지는 사회적 문제를 해결할 수 없게 되었다.

플랫폼 경제의 가파른 성장은 우리에게 많은 편리함을 가져다주었지만, 도구적 기술을 따라가지 못한 사회적 문제인 플랫폼 노동자 문제, 독과점 문제 등도 야기하기도 한다.

플랫폼은 소비자와 공급자를 중개하는 역할을 한다. 따라서 소비자의 인구학적 정보나 취향 등을 수집 및 분석하고 개인에게 최적화된 정보를 제공하는 업무에 누구보다 공을 들인다. 인터넷 쇼핑 후 비슷한 물품 광고가 자주 눈에 띄는 것, 영상 시청 후 좋아하는 주제의 영상이 자동으로 재생되는 것 모두 소비자 분석에 사활을 건 플랫폼의 기술적 진화의 산물이다. 개인에게 최적화된 서비스, 즉 '내 입맛에 딱 맞는' 콘텐츠를 추천해주는 플랫폼의 정교한 큐레이션 알고리즘에 소비자는 속수무책으로 빠져들 수밖에 없다. 그리고 소비자들의 굳건한 충성도를 등에 업은 플랫폼 기업의 시장 경쟁력은 그야말로 엄청나게 확장되었다.

기업의 독과점 행태는 오래전부터 있었던 일이다. 단지 지금까지는 시장이 오프라인밖에 없었기 때문에 생각하지 못했을 뿐, 어떤 사업이든 새로운 사업이 커지면 독과점 문제가 발생한다. 그 현상이 이번에는 디지털 세상에서 재현된 것이다.

2020년 미국에서 발간된 '디지털 시장의 경쟁 조사 보고서'에 따르면 플랫폼 독점 금지법을 개정해야 한다는 목소리가 높아지고 있다고 한다. 지배적 플랫폼 사업자의 일부 사업을 분리하고 인근 사업으로 진출하며 무분별하게 몸집을 불리는 행위를 막아야 한다는 것이다. 또한 지배적 플랫폼 사업자가 자신들의 서비스를 우대하는 행위를 중지하고 경쟁 사업자와 서비스를 호환할 수 있어야 한다고 밝혔다. 물론 자유롭게 사업할 수 있도록 두어야 한다는 반대 입장도 있다.

플랫폼 경제의 사회적 방향성 및 공공의 역할에 대해 우리는 진지하게 고민해야 한다. 그렇지 않으면 지배적 플랫폼이 전방위적으로 뻗어나가 기존 사업을 해체하고 흡수해버리는 경험을 지금보다 더 자주, 더 많이 하게 될 것이다. 기업은 일차적으로 이윤을 극대화하고 자본을 증식하는 것이 목적인 이익 집단이므로 그들이 나서서 사회적 도리를 다하기를 바랄 수도 없고 바라서도 안 된다. 정부나 국민이 감시하고 제재하지 않으면 기업은 본연의 목적, 즉 독과점 형태를 늘려 이윤을 극단적으로 추구하는 방향으로 나아갈 것이다. 우리는 기업의 이윤이라는 사익과, 사회적 역할이라는 공익의 가치를 균형 잡힌 시각으로 바라보고 상생해나갈 방향성을 찾아야 한다. 특히, 공공과 민간의 적절한 협업을 통해 플랫폼 경제의 윤리적 운영 및 설계 등이 사전에 반영될 수 있도록 공감대를 형성하는 것이 중요하다.

플랫폼 경제에서 공공 역할의 문제점과 플랫폼 기업들이 가지는 독점적 사업 형태는 태생적인 문제이다. 아직 온라인 관련 법령 제정이 미비한 상황에서, 법에 저촉되지 않는 사업을 벌임에도 온라인에 기반을 둔 플랫폼이라는 이유로 여러 활동을 강제 규제하는 것은 자유 경제활동을 침해하는 행위라는 주장도 있다. 하지만 거대 플랫폼의 탄생으로 시장 지배력이 강화되고 독점 활동이 심화된다면 기존의 업체는 물론 신생 업체와도 공정한 경쟁을 벌일 수 없기 때문에 규제가 필요하다.

시장에 모든 것을 맡겨두면 알아서 잘 돌아갈 것이라고 생각하기에는 시장이 너무 급변하고 있다. 또한 정부가 고민하는 사이에 기존의 시장이 차례차례 붕괴되어 많은 피해자들이 생길 것은 너무나 자명하다.

플랫폼 기업의 사회적 책임 의식

플랫폼 산업에 대한 정부와 정치권의 지루한 탁상공론으로는 빠르게 변화하는 산업계의 여러 요구에 효과적으로 대응하기가 사실상 불가능하다. 산업 진흥과 규제를 동시에 고민해야 하는 입장에서 만드는 정책들은 이해관계자에 따라 각종 불만이 쏟아질 수밖에 없는 현실이다. 각기 다른 입장을 조정하고 합의에 이르게 하는 것이 정부와 국회의 본연의 임무이지만 무엇보다 이런 입장 차이를 불러일으키는 근본적인 원인에 대해 깊이 생각해 보아야 한다.

우리나라의 일반적인 기업이 그렇듯 플랫폼 기업 또한 기본적으로 사회적 책임에 대해 많은 고민과 숙고를 통해 끊임없이 본인들의 사업을 개선해나가야 한다. 심지어 어떤 면에서는 일반 기업보다 더욱 높은 도덕적 기준이 요구되기도 한다. 독점과 불공정 이슈에 대해 결코 자유로울 수 없는 산업 구조상 대중들의 끊임없는 불만이 제기되기 때문이다. 이에 따른 정부와 국회의 규제 시도는 필연적일 수밖에 없다.

대중의 반응이 싸늘해지면 많은 플랫폼 기업들이 적당한 기부행위나 허울만 좋은 상생 방안들을 발표하며 불만 여론을 잠재우려 한다. 그러나 이런 시도는 그리 효과적이지 못하며 과거의 전통적인 기업들의 행태와 별반 차이점이 없다. 혁신을 통해 세상을 바꾸겠다는 스타트업들이 사업이 확장되고 사회적 책임이 증가할수록 기존 기업의 구태의연한 행동을 그대로 답습하는 모습이 여러 현장에서 포착되고 있다. 기존 재벌 기업들이 문제가 있을 때마다 CSR(Corporate Social Responsibility : 기업의 사회적 책임) 사업을 통해 사회적 책임을 다한다는 명분 아래 이미지 세탁을 하는 모습과 별반 차이가 없다.

혁신은 단순히 돈이 되는 분야에 자본을 폭탄처럼 투하해서 독점을 통해 부를 창출하고 성장하는 것을 말하는 것이 결코 아니다. 혁신 기업은 사업 초기부터 사회적 책임을 기본으로 자신이 추구하는 사업이 과연 혁신적인가 고민해야 하며, 사회적 책임 의식을 갖고 한 단계 한 단계 진일보해야 한다. 플랫폼 기업은 끊임없이 기업 윤리에 대한 고찰과 함께 본인들이 추구하는 혁신이 과연 우리 사회에 어떠한 영향을 미치는지 면밀히 고려해야 한다.

많은 플랫폼 기업과 스타트업은 초기 회사 관리의 미숙함으로 인해 금전적 위기 상황을 겪는 일이 많다. 이때 투기자본이나 일부 벤처캐피털(Venture Capital)[2]에 지나치게 종속되면 불확실한 미래 성장성만을 강조하며 언론플레이와 화려한 인맥, IPO(Initial Public Offering : 기업공개) 전문가 등을 동원한 억지 IPO나 후속 투자 등을 유치하는 식으로 '폭탄 돌리기'를 하게 되

---

2) 벤처 캐피털(venture capital, VC)이란 잠재력이 있는 벤처 기업에 자금을 대고 경영과 기술 지도 등을 종합적으로 지원하여 높은 자본이득을 추구하는 금융자본을 말한다.

는 경우가 허다하다.

　국내 스타트업 시장이 성장한 만큼 사업 초기부터 기업의 사회적 책임에 대한 의무를 부과하지 않는다면 하이에나 같은 다국적 투기 자본에 이용당하는 기업들이 나올 것은 너무나 자명한 현실이다. 이는 결국 국내 스타트업들의 연쇄 폐업은 물론이고 고용 문제를 비롯한 사회적 문제를 일으켜 스타트업 업계를 위축시킬 수밖에 없을 것이다.

플랫폼이 바꿔 놓은 골목상권

플랫폼은 역에서 기차를 타고 내리는 곳을 말한다. 온라인 플랫폼에서는 정보가 오가거나 물건이 오간다. 플랫폼 업체는 정보가 오가는 공간만을 제공하기도 하고, 직접 물건을 판매·배송하기도 한다. 쉬운 예로 배달앱이나 부동산앱, 카카오T와 같은 호출중개앱 등은 자영업자와 소비자를 연결하는 중개자적인 역할을 하고, 마켓컬리나 쿠팡과 같은 직접 판매 플랫폼에서는 물건을 구매할 수 있다. 문제는 대부분의 자영업자 업종이 이 두 가지 중 하나에 포함되기 때문에 모두가 플랫폼의 영향에서 자유롭지 못하다는 데 있다.

여기 배달앱에 가입한 자영업자 A씨가 있다. 처음에는 배달앱을 통해 더 많은 고객을 확보할 수 있어 매출이 증가했다. 그런데 어찌된 일인지 순익은 날로 줄어들었다. 수수료, 광고비 등 배달앱 사용으로 발생하는 추가 비용이 늘어났기 때문이다. 배달앱을 사용하지 않으면 손님을 잃을 수 있기 때문에 자영업자는 울며 겨자 먹기식으로 배달앱에 의존하게 되고, 배달앱의 정책에 따를 수밖에 없다.

중개만 하던 플랫폼들이 판매까지 사업을 확장하면 피해는 더욱 커진다. 배달앱에서 식재료 유통을 하거나 숙박앱에서 여행 상품을 판매하는 등, 다루는 영역이 커지면 커질수록 직접 판매 플랫폼과 같은 지위를 얻게 되고 더 많은 자영업자들의 영역을 침범하게 된다.

직접 판매를 하는 배송 플랫폼도 마찬가지다. 총알배송, 무료배송 등 동네 슈퍼마켓에서는 어려운 각종 서비스로 고객 편의를 향상시켜 고객 충성도를 높인다. 이로 인해 자영업자의 수익은 줄었고 소비자는 무료배송 금액을 채우기 위해 불필요한 물건을 추가 구매하기도 한다.

처음 배달앱이 세상에 공개됐을 때 자영업자들은 환호했다. 영업이 어려운 매장에서도 플랫폼의 도움으로 구매 의사가 있는 여러 사람에게 홍보할 수 있게 되었기 때문이다. 플랫폼은 더 많은 자영업자를 유치하기 위해 공손한 자세로 자영업자를 우대했다. 입점 업체가 많을수록 편리성이 증가해 더 많은 소비자가 플랫폼을 이용하기 때문이다. 그러나 자영업자 우대 기간은 찰나에 불과하다. 이용자가 늘어나면 입점 업체의 매출이 증가하고 이로 인해 배달앱의 파워가 커지면서 자연스럽게 독점화된다. 또한 플랫폼은 이용자들의 데이터를 입수하고 활용할 수 있어 정보 보유면에서도 독점화가 이루어진다.

이처럼 플랫폼이 강력한 힘을 키우고 몸집을 불리면서 플랫폼과 자영업자 사이의 힘의 균형이라는 시소가 깨져버린다. 무게중심이 플랫폼에 쏠리기 시작한 것이다. 한 번 기울기 시작한 관계는 여러 문제를 불러일으켰다. 더 이상 자영업자를 우대할 필요가 없는 플랫폼에서 이익을 추구하기 위해 비용을 떠넘기거나 유지·보수를 위한 노력을 등한시한 것이다. 수수료 부담, 광고 노출 방식의 문제, 리뷰 관리로 인해 발생하는 문제, 배송 시스템 등 여러 곳에서 불만이 터졌지만 아직까지 시원한 해답을 찾지 못했다.

자영업자와 플랫폼의 공정 관계 붕괴

"나도 회사 그만두고 카페나 해볼까?"

"은퇴하면 할 일도 없는데 나도 장사나 해볼까?"

한 번쯤 들어봤을 말이다. 비용만 있다면 창업이 취업보다 진입 장벽이 낮은 탓에 쉽게 도전하곤 한다. 그래서 그런지 국내 자영업자 비율은 다른 나라에 비해 높은 편이다.

자영업은 임금을 받지 않고 독립적인 경영을 통해 일을 하는 개인사업자를 말한다. 통계청이 발표한 '2022년 8월 경제활동인구조사 비임금근로 및 비경제활동인구 부가조사 결과(2022.11)'에 따르면 대한민국 자영업자 수는 569만 명이고, 여기에 무급으로 자영업자를 도우며 장사를 함께 하는 가족종사자 수 99만 6천명을 더하면 668만 6천명이 비임금근로자다(2022년 8월 기준).

직원을 두고 운영하는 자영업자들도 있다. 통계청이 발표한 '자영업 현황 분석(2021)'를 보면 자영업자에게 고용되어 있는 직원은 약 348만 명으로 추정된다. 이런 까닭에 자영업자가 무너지면 고용 직원까지 실업자가 되는 상황이 발생해 도미노 피해를 입게 된다.

코로나19로 영업시간 제한 등 각종 규제가 심해지고 비대면 일상이 지속되면서 자영업자들은 더욱 힘든 시간을 보냈고 지금도 쉽지 않은 버팀의 시간을 보내고 있다.

신용보증재단중앙회에서 발표한 '2022년 상반기 보증지원기업의 폐업실태조사'에 따르면 폐업하는 자영업자들이 폐업 부채로 더 큰 고통을 겪고 있는 것으로 드러났다. 폐업 당시 자영업자들의 부채금액은 평균 8,497만원으로 드러났다. 5,000만~7,000만원 미만(22.7%)이 가장 많았으며, 1~2억 원 미만(20.7%)이 그 다음을 이었다.

폐업 원인으로는 73.8%가 '매출 및 이익 부진'을 꼽았고, 이들 응답자의 93.3%가 '코로나19 영향'이라고 밝혔다. 가맹점보다는 일반 자영업자의 폐업 비중이 높게 드러났다. 본사 서비스나 가이드 없이 자체적으로 혼자 가게를 운영하다 보니 경영의 어려움이 더 큰 것이다.

폐업자 중 절반 이상이 다시 재창업을 하거나 재창업 준비를 한다고 답했다. 매출 부진으로 폐업을 했음에도 동일한 업종으로 재창업하는 경우가 53.5%에 이르러 새로운 종목에 대한 두려움이 큰 것으로 보인다.

플랫폼의 독과점 행태는 자영업자들만의 문제가 아니다. '나는 직장인이라 골목상권이 어찌되든 상관없다'고 외면할 수 없는 것이다. 직계가족, 혹은 사촌이나 먼 친척, 주변 친구 등 주변을 돌아보면 자영업자가 적어도 몇몇 존재할 것이다. 이들이 한꺼번에 주저앉는다면 직장인인 개인 또한 편안하게 살지만은 못할 게 뻔하다. 이를 국가 개념으로 확대하면, 전체 취업자의 1/4이 자영업자일 정도로 자영업 비율이 높은 우리나라에서 자영업자들의 잇단 폐업은 경제적으로 큰 부담일 수밖에 없다.

따라서 정부에서는 골목상권의 붕괴를 대한민국 경제의 붕괴로 보고 각종 법안이나 규제를 통해 사태 수습에 나서고 있다. 독과점 플랫폼과 경쟁하기 위해 공공 플랫폼을 선보이기도 하고 자영업자와 플랫폼이 동등한 위치에서 상생할 수 있는 방안을 찾고 있다. 플랫폼 기업 역시 부정적인 시선을 의식해 사회적 가치와 책임에 맞는 대안을 제시하고 있다.

2021년 9월, 당시 더불어민주당 대선 후보였던 이재명 경기도지사가 '플랫폼으로 인해 소상공인이 수수료, 광고료 등 비용 지출이 크지만 수락할 수밖에 없는 상황'이라며 플랫폼 기업의 문어발식 확장을 막고 소상공인의 단체 결성권을 보장하는 공약을 발표하자 '과하다'는 지적이 쏟아졌다.

플랫폼 기업과 소상공인이 상생을 목표로 자구책을 마련하는 등 애쓰는 상황에서 공적 규제가 오히려 걸림돌이 될 수 있다는 것이다. 플랫폼이 정착하는 과정에서 예상치 못한 상황을 겪기 마련인데 이것을 과도한 규제로 막는다면 시장경제에 긍정적이지 못한 결과를 가져올 것이라는 의견이 많았다.

플랫폼 기업 역시 자신들을 향한 날카로운 시선에 불편함을 호소했다. 입점 업체들과 상생하고 소통하며 다양한 지원을 강화하려고 하는데 마치 공공의 적처럼 호도하는 것이 억울하다는 것이다. 실제로 배달의 민족, 쿠팡이츠, 요기요 등 배달앱은 점주들과의 상생을 위해 자구책 마련에 적극 나서고 있는 상황이었다.

정부의 규제 없이도 플랫폼 기업의 사회적 가치와 기업가 정신이 플랫폼 시장을 정화하고 긍정적으로 발전하는 모습을 보여줄 수만 있다면 이상적인 시장의 선순환이 이루어질 것이다.

02

플랫폼의 혁신과
도덕적 책임

플랫폼의 '혁신' 누구를 위한 것인가?

우리가 흔히 스타트업에 대해 갖는 이미지는 '젊고 유능하며 정직한 사람들이 모여 구조적으로나 관습적으로 생긴 불편한 사회문제들을 해결하고 혁신적인 아이디어와 창조적 파괴를 통해 세상을 보다 발전적으로 바꾸려 한다'는 것이다.

대기업 또는 정부에서 시도하지 못했던 방법들을 과감하게 적용하여 새로운 시각과 열정으로 사회적 문제를 해결하는 게 스타트업들의 역할이고 의무라고 생각했다. 그 누구도 '스타트업이 돈이 되니까' '돈을 벌기 위해서' 시작한다고는 생각하지 않았다.

그런데 어쩌다가 플랫폼 스타트업들은 약간의 기술과 투기자본을 활용해 누군가에게 고통과 희생을 강요하며 본인들의 이익을 극대화하는 잔인한 사업 모델을 실행하는 주체로 변질된 것일까?

플랫폼은 이전에는 없어도 사는 데 불편함을 느끼지 못했던 부분에 편리함이라는 달콤함을 선물해 모두에게 환영받았다. 그리고 그 편리함에 대중이 중독되자마자 그 중독의 대가를 비용으로 치르게 했다. 이미 플랫폼을 생활의 일부로 받아들인 대중은 플랫폼에서 쉽게 벗어나지 못하고 비용을 치르면서라도 이를 이용하려 했다. 좋게 말하면 플랫폼을 활용한 혁신 경제지만 결국 여기에는 편리함만 있고 본인들이 만든 서비스로 인해 생기는 사회적 문제에 대한 고민은 보이지 않는다.

혹자들은 이렇게 말한다. '불법만 아니면 수단과 방법을 가리지 않고 몸집을 키워 외국 기업에 대응해야 된다. 안그러면 해외 플랫폼에 모든 것을 빼앗긴다'라고. 하지만 무늬만 국내 기업일 뿐, 일정 규모 이상의 투자를 받은 스타트업들 대부분은 사실상 외국계 자본으로 움직이는 외국 기업이라 할 수 있다.

대표적 플랫폼인 쿠팡 경우 갑질 및 불공정 행위에 대한 정부의 제재를 받을 위기에 처하자 재빠르게 정치권 출신들을 대거 영입하며 대응했다. 당시 조선일보는 "쿠팡, 배달의 민족, 마켓컬리 등 온라인·모바일 플랫폼 기업들이 국회 보좌진 영입에 나서며 대관 업무에 힘을 싣고 있다. 정부와 국회가 규제 사각지대에 가려져 있던 이들의 입점업체 대상 갑질, 느슨한 소비자 보호를 강력하게 규제하는 법안을 추진하자 대응하려는 목적이다."라고 전했다.[3]

쿠팡과 같은 유니콘 스타트업들은 기존의 재벌 기업들과 마찬가지로 대관 인력의 인적 네트워크를 십분 활용하여 여러 가지 이슈들을 처리하려 들 것

---

3) 조선일보 : "불리한 입법 막아라"... 쿠팡·배민 이어 컬리·당근도 '국회 보좌관 모시기' 2021. 4. 26

이다. 결국 플랫폼 기업들이 가지고 있는 근본적 문제점인 독점 및 갑질, 불공정 행위에 대한 해결보다는 대관 인력의 인간관계를 활용한 일시적인 사태 수습에 초점을 맞추려 한다는 의심을 주고 있다. 혁신을 외치는 스타트업들이 결국에는 기존 재벌 기업들이 가는 길을 그대로 답습하는 모습은 우리 모두에게 큰 실망을 안겨줄 것이다.

시장의 혁신이 언제나 긍정적인 결과를 가져오는 것은 아니다. 혁신으로 시작했던 플랫폼 기업 대다수가 이미 독점이라는 불평등한 결과를 낳았다. 이로 인한 피해가 국민에게 가지 않도록 보호해야 하는 것이 정부와 국회의 역할이다. 정부와 국회는 '규제'라는 칼로 언제든 플랫폼 시장을 다스릴 수 있다. 하지만 이것이 사회를 위한 것인지, 정부의 역할을 수행하기 위한 것인지 면밀히 따져보아야 할 것이다. 혁신을 단칼에 자르는 규제는 결코 사회를 위한 대응이 될 수 없다.

빛 좋은 '혁신'에 가려진 수익 창출의 욕망

'국내 플랫폼이 몸집을 키워 해외 시장에 진출하도록 일시적으로라도 국내에서의 독점을 허락해주자'는 목소리가 나오고 있다. 그들의 주장대로 국내 플랫폼이 국내에서의 독점을 통해 몸집을 키운 후 해외 시장에 진출해 좋은 반응을 얻었다고 치자. 그게 과연 일반 대중의 생활과 어떠한 직접적인 상관이 있겠는가?

정부와 언론은 낙수효과를 비롯한 각종 경제적 효과와 사회적 명분, 국가적 영광 등을 스타트업의 성공과 연결시켜 온 국민이 힘을 합쳐 응원해주고 도와주어야 한다는 식의 사회적 분위기를 조성하고 있다. 그러나 국내 스타트업 사업의 성공은 사실상 개인의 부를 위한 것이지 국민의 복지를 위한 것은 아니다. 오히려 스타트업의 화려한 조명 뒤 더 많아진 소외계층인 우리 소상공인에 대한 대책이 시급한 시점이다.

정부와 언론이 발 벗고 나서서 몇몇 스타트업의 성공 스토리를 대외에 알리고 있을 때 그로 인해 심각한 피해를 받는 우리의 이웃인 소상공인과 자영업자들은 그들의 화려한 모습을 보며 씁쓸한 마음을 감출 수가 없다고 한다. 독점화된 플랫폼을 통해 약탈적으로 빼앗긴 수익들과 지속적으로 종속될 수밖에 없는 산업 구조상 플랫폼 기업들이 성장해갈수록 우리 소상공인과 자영업자들의 피해는 눈덩이같이 불어날 수밖에 없다. 선거철이나 특별한 이슈가 없는 한 플랫폼에 의해 고통받는 소상공인과 여러 이해관계자들의 어려움은 정부와 언론의 무관심 속에서 점점 곪아가고 있다.

플랫폼은 그 속성상 대중들의 생활에 빠르게 침투한 후 편리함에 빠진 대중들을 대상으로 기존의 산업을 무너뜨리며 무분별하게 확장해나갈 수밖에 없다. 막대한 투자금을 바탕으로 사업을 전개하는 스타트업들 경우 캐시버닝(Cash Burning)[4] 전략을 비롯한 각종 경영기법을 활용하여 시장의 경쟁자를 무너트리거나 인수하여 결국엔 시장을 독점한다. 이렇게 독점화된 시장을 발판으로 플랫폼 기업은 사회적 가치나 공동체와의 협의는 무시한 채 끝없이 불공정한 사업을 확장시킨다.

투자금 이상의 막대한 수익을 회수해야 하는 글로벌 투기자본에 의해 기존 산업 생태계 및 소상공인들과 자영업자들의 삶에 기반은 하루가 다르게 파괴되고 있다. 플랫폼 기업들이 소상공인들과 자영업자들을 끊임없이 플랫폼에 종속화하려고 할 때 다른 한쪽에서는 그들의 보호와 지원을 위해 막대한 예산과 각종 정책들을 쏟아내고 있다.

플랫폼 지원과 소상공인 지원은 결국 한쪽을 육성하면 다른 한쪽이 쇠퇴하는 구조이다. 그런데 정부는 플랫폼 육성은 물론 소상공인 지원에도 예산을 지원하는 이중적인 정책으로 심각한 재정난을 초래하고 있다. 전통적 유통업

---

4) 현금을 막대하게 지출하여 기업의 외형을 키우거나 시장 점유율을 높이는 전략을 말한다.

으로 불리는 백화점과 대형마트들만 하더라도 신규 상권에 진출하거나 증축만 하더라도 해당 상권의 상인연합회나 이익단체와의 충분한 협의를 거쳐 사업을 진행한다. 실제로 양질의 치킨을 저렴한 값에 제공하겠다는 롯데마트의 '통큰치킨'은 자영업자의 생존을 위협하는 대형 마트의 횡포라는 여론에 떠밀려 일주일 만에 매대에서 내려갔다. 설과 추석을 제외하고 거의 매일 영업하는 대형 마트 때문에 골목시장이 사라진다는 주장에, 대형마트의 의무휴업제가 도입되기도 했다. 대형 유통업계의 행보는 사실상 업계인과 정치권의 간섭에 어느 정도는 발이 묶여 있는 형편이다. 하지만 플랫폼 경우 사실상 이러한 협의 자체가 생략된 채 무분별하게 사업이 확장되고 있어 많은 우려가 제기되고 있다.

시민의 이동권 vs. 안전, 무엇이 우선인가?

개인형 이동장치(Personal Mobility)의 대표 격인 전동 킥보드가 우리 생활에 본격적으로 등장한 것은 2018년부터 이다. 킥고잉을 시작으로 라임, 빔 등의 전동 킥보드 업체가 사업을 시작했다. 2021년 말 기준으로 국내에는 20여개의 전동 킥보드 업체가 운영 중이다.

운전하거나 보행하면서 다들 한 번쯤은 전동 킥보드로 인한 위험에 빠진 적이 있을 것이다. 인도와 차도를 빠르게 곡예 운전하며 위험을 주거나 길거리에 무분별하게 방치된 전동 킥보드로 인해 각종 사고나 안전 문제가 계속 증가하고 있는 사실은 모두가 인지하고 있다.

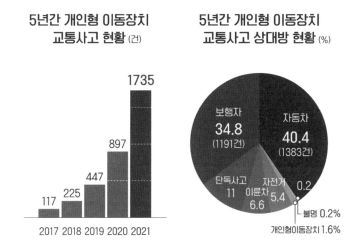

〈 전동킥보드 등 개인형이동수단 사고 통계 〉

5년간 개인형 이동장치
교통사고 현황 (건)

5년간 개인형 이동장치
교통사고 상대방 현황 (%)

1735
897
447
117 225
2017 2018 2019 2020 2021

보행자
34.8
(1191건)

자동차
40.4
(1383건)

단독사고
11

이륜차
6.6

자전거
5.4

0.2

불명 0.2%

개인형이동장치 1.6%

출처 : KBS NEWS[5]

이런 문제점들이 지속적으로 제기되다 보니 정부나 지자체에서는 법적 규제를 만들어 시민들의 안전을 지키려고 노력하고 있다.

'만 13세 이상 전동 킥보드 허용'으로 사고 위험성이 높다는 지적에 국회는 2020년 도로교통법안을 재개정해 '만 16세 이상 면허취득자'로 전동 킥보드 사용 연령을 높였다. 2021년에는 '헬멧 의무 착용'을 도로교통법 개정안에 넣었다. 헬멧 미착용 시 범칙금 2만 원을 부과한다는 내용이었는데 이용자들이 항시 헬멧을 소지하는 것이 현실적으로 불가능하다는 지적으로 법안의 실효성에 대한 논란이 일었다.

한편, 서울시와 지자체는 거리에 방치된 전동 킥보드의 주차로 인한 안전사고를 예방하기 위해 '전동 킥보드 불법 주차 견인' 조치를 내렸다. 서울시는

---

5) KBS NEWS "전동킥보드 무서워요" 규제에도 반복되는 사고…왜? 2022. 5. 23

2020년 5월부터 전동 킥보드 한 대당 견인비용 4만원과 보관료를 업체에서 부담하도록 하고 있다. 이는 곧바로 전동 킥보드 업체의 수익성을 악화시키는 요인으로 자리 잡았다.

강화된 조치에 이용자도 줄었다. 규제 시행 1년 만에 이용자가 67% 급감한 것으로 나타났다. 이에 국내에서 철수하는 전동 킥보드 업체도 점점 늘어나고 있다. 상황이 이러하니 전동 킥보드 업계에서는 산업을 붕괴시키는 과잉 규제라며 각종 불만을 쏟아내고 있다.

하지만 다른 쪽에서는 시민의 안전이 시민의 이동권보다 앞서야 한다는 의견도 팽배하다. 전동 킥보드 업계는 규제에 대한 불만을 말하기 전에 여러 안전 문제에 대해 과연 적극적으로 자정 노력을 했는지 깊게 생각해봐야 한다.

도로변에 위험하게 놓여 있는 전동 킥보드나 인도에서 과속하는 전동 킥보드 문제는 이미 수차례 지적된 부분이다. 이를 이미 알고 있었으면서도 정부와 여론의 눈치만 살피다가 안전문제로 법적 규제가 강화되자 매출이 떨어질 것만을 걱정하여 불만을 토로하는 모습은 그 어느 계층과도 합리적인 공감대를 형성하지 못한다.

제아무리 미래형 교통수단이고 적극 육성해야 할 신산업이라고 해도 일반 시민의 안전에 직접적으로 해를 가하는 산업에 대해 그 어떤 나라의 정부나 지자체도 그냥 바라보고만 있을 수는 없다. 전동 킥보드를 사용하는 이용층 대부분이 청소년이고, 넓게 보아도 40대까지이다. 이들에게 전동 킥보드는 신속성과 즐거움을 주는 수단이겠지만 그 이외의 연령층에게는 도로위의 무법자로 밖에는 보이지 않는 게 현실이다.

일반 시민들의 안전을 위해 자연스럽게 할 수밖에 없는 정부의 규제에 대

플랫폼 경제와 공공의 역할

해서도 이익단체가 자신들의 사업에 악영향을 끼칠 수 있다는 이유로 불평만 늘어놓는 모습은 대중에게 공감을 얻기 어렵다. 특히나 국내 상황은 무시한 채 외국의 사례에서 유리한 부분들만 편집해서 전혀 설득력 없는 논리를 만들어 정부기관들에 대응하는 자세는 지양해야 한다.

국내에서 사업을 하려면 국내 실정법과 규제를 따라야 하는 것은 너무나 당연한 이야기다. 페이팔의 창업자 피터 틸이 과거 국내에서 강연했을 때 했던 조언대로, 스타트업은 규제에 적응해야 하고 적응할 수 없으면 사업을 포기해야 한다.

유니콘 플랫폼의 '통 큰 기부'를 바라보는 시선

개인적으로는 2019년 여름에 있었던 일을 생생히 기억한다. 당시 기관 운영 관련 경기도 북부청사에서 고위 관료와의 면담이 있었고, 앞선 일정으로 이재명 경기도지사와 배달의 민족 김봉진 대표를 비롯한 경기도와 스타트업 관계자들이 한자리에 모여 창업 생태계를 활성화하겠다고 협약했다.

하지만 같은 해 겨울, 배달의 민족은 약 4조 8천억 원에 해외에 매각됐다. 매각 금액도 금액이지만 배달의 민족과 김봉진 대표가 가지고 있던 국내 스타트업계에서의 상징성으로 인해 대중은 대부분 부러움과 축하보다는 비난과 배신감을 느낄 수밖에 없었다.

더군다나 매각 후 약 5개월이 지난 2020년 4월에는 배달의 민족이 요금제 개편을 발표하면서 그동안 배달앱의 횡포로 쌓인 소상공인과 자영업자들의 분노가 동시다발적으로 폭발했다. 이는 여론의 뭇매와 함께 정치권의 맹공으로 이어져 결국 10일 만에 배달의 민족이 요금제 개편을 자진 철회했고 많은 지자체가 동시다발적으로 공공 배달앱 개발에 나서는 촉매제가 되었다.

그 후 김봉진 대표는 5,500억 원을 기부해 다시 주목 받았다. 기부 자체는 사업가의 선한 영향력을 발휘하는 좋은 일이지만 여론과 공정위에 등 떠밀려 한 기부인 듯한 느낌을 지울 수 없는 게 사실이다.

당시 한국경제신문은 언론 기사를 통해 "국내 1위 배달앱(운영프로그램) '배달의 민족'(배민)을 개발한 김봉진 우아한형제들 이사회 의장의 '통 큰 기부'를 바라보는 자영업자들의 시선이 곱지만은 않다. 재산 절반 이상을 사회에 환원하겠다는 김 의장의 결단을 높게 평가하면서도 돈을 버는 데 도움을 준 자영업와 라이더 복지에 더 힘썼으면 한다는 아쉬움 때문이다."라고 대중의 분위기를 전했다.[6]

카카오도 마찬가지다. 가만히 있다가 여론이 요란해지고 비판이 거세지면 돈으로 무마하려는 듯한 움직임을 보였다.

카카오 김범수 의장은 지난 2021년 2월 8일 5조 원 이상을 기부하겠다고 깜짝 발표해 세상을 놀라게 했다. 그는 카카오 임직원에게 보낸 신년 카카오톡 메시지를 통해 "격동의 시기에 사회 문제가 다양한 방면에서 더욱 심화하는 것을 목도하며 더 이상 결심을 늦추면 안 되겠다는 생각이 들었다."라며 기부 의사를 전했다. 이 금액은 자신의 재산 중 절반 이상으로, 국내 기부 역사상 최대 규모다.

김범수 의장은 "구체적으로 어떻게 사용할지는 이제 고민을 시작한 단계로, 카카오가 접근하기 어려운 영역의 사회 문제 해결을 위해 사람을 찾고 지원해나갈 생각"이라고 밝혔다.

---

6) 한국경제신문(한경) : '배민' 김봉진 재산 절반 기부를 바라보는 자영업자의 시선 2021. 2. 19

그런데 과연 여론이 조용했다면 배달의 민족 김봉진 대표나 카카오 김범수 대표가 거액을 갑작스럽게 사회에 환원했을까? 입을 모아 '오래전부터 계획하고 있었다'고 말하지만 기부의 순수성을 그대로 믿기에는 미묘하게 시기가 좋지 못하다.

삼성의 이재용 부회장은 국정농단 사건으로 수감되었다 가석방으로 출소하자마자 3조 원이 넘는 투자 계획과 2,000명이 넘는 일자리를 창출하는 행보를 보이며 화제를 모았다. 환영할 만한 일이라는 의견이 많았으나 과오를 돈으로 덮는 행위라는 반론도 제기되었다. 스타트업의 잇단 기부 또한 결국 스타트업이나 일반 재벌이나 사업하는 모습은 다 똑같다는 인상을 남기는 씁쓸한 기록으로 남았다.

플랫폼, 독점과 혁신 사이

흔히 플랫폼의 성공은 혁신에서 온다고 말한다. 디지털 생태계를 이끌 혁신적인 아이디어를 떠올리고 이를 뒷받침할 기술력을 더해 새로운 비즈니스 모델을 갖추는 것이다. 이때 놓쳐서는 안 될 것이 혁신의 의미가 단순히 기술 혁신을 말하는 것이 아니라 경영 전반에도 기존과는 다른 혁신적인 생각을 담아야 한다는 것이다. 가장 세련되고 앞선 기술력을 가졌음에도 비즈니스를 운영하는 방식은 기존 대기업의 경영방식을 답습한다면 '혁신적인' 비즈니스 라고 말하기 어렵다.

4차 산업혁명 시대는 우리 모두에게 새로운 도전이자 기회이다. 누구나 쉽게 접근하여 기술을 활용할 수 있으며 디지털로 인해 생산성 향상이나 경제적 가치가 높아졌다.

코로나19와 같은 비대면 시대를 겪으면서 디지털은 세상을 잇는 대안재로 더욱 강력한 힘을 축적하게 되었으며 이로 인해 디지털 비즈니스 운영자들이 막대한 수익을 올리고 있다.

그렇다면 플랫폼 독점의 원동력은 무엇일까? 기술력일까? 그렇지 않다. 플랫폼 독점의 원동력은 이용자다. 플랫폼 기업이 서비스를 개시하지만 그것을 이용하는 사람은 소비자이고, 소비자가 외면하면 해당 플랫폼은 성장 동력을 잃는다. 반대로 소비자가 많이 모이면 가치가 높아지고 그것이 수익으로 이어지는 한편 각종 데이터가 쌓이면서 경쟁 우위에 서게 된다. 결국 독점 업체가 되는 것이다.

때문에 플랫폼 기업은 힘의 원천인 이용자를 간과해서는 안 된다. 최첨단 디지털 세상이라고 하지만 결국 그 중심에는 사람이 있다. 플랫폼은 이용자들의 참여와 데이터를 통해 이익을 실현한다. 하지만 이용자에게 그 이익이 배분되지는 못한다. 그저 편리함과 필요한 정보를 제공할 뿐이다.

이런 까닭에 힘의 원천이 되는 이용자를 위한 이익 공유가 필요하다. 실제적으로 지분을 나누는 것이 아니라 이용자에게 더 많은 서비스와 편리함, 정보를 주어야 한다. 그것이 공유가치라는 이름이 되었든, 지속 가능한 성장이라는 말로 표현 되든 상관없다.

플랫폼 기업은 이용자 덕에 얻은 가치를 이용자와 공유해야 한다. 이 점에 집중한다면 기존 기업들의 경영방식을 답습하는 일은 없어질 것이고 수익 창출 우위에 이용자의 가치를 두게 될 것이다. 이것이 바로 디지털 기업의 혁신이다.

플랫폼이 사회 공유재로서의 역할을 해야 한다는 의견이 나오는 것도 이런 맥락일 것이다.

2022년 1월 열린 '플랫폼의 공공성과 정책연구 토론회'에서는 "플랫폼 안에서 상호작용하는 구성원 절대다수가 일반 소비자와 중소상인이라는 점에서 사회간접자본(SOC)의 성격의 공공성도 가진다."라는 의견이 나왔다. 덧붙여 "(플랫폼을) 그냥 내버려두면 시장을 위해서는 좋은 건지, 과연 플랫폼 생태계가 제대로 돌아갈지 고민해야 한다. 정부 입장에서는 플랫폼에서 발생하는 이익도 구성원이 공유해야 하고, 혁신도 이뤄져야 하면서, 생태계가 돌아가야 경제가 활성화되는데 이런 문제를 고민해야 하는 시점이 왔다."라고 밝혔다.

플랫폼의 기업 정신에 대한 언급도 있었다. "민간 플랫폼도 단순히 돈을 벌어야 한다는 기업적인 생각을 떠나서 사회 시스템을 같이 만들고, 함께 이윤을 만들어서 지속 생존이 가능한 협력적인 모습을 보여야 한다."라고 강조했다.

플랫폼이 기존 시장과 다른 점은 소비자와 공급자 양쪽을 대상으로 한다는 점이다. 기존 시장의 경우 소비자에게 물건을 판매하는 일방적인 행위가 이루어졌다면, 플랫폼은 소비자와 공급자가 만나서 서로가 원하는 것을 취하도록 공간을 내어준다. 양쪽과 상대하다 보니 힘도 두 배로 강해지고 데이터도 그만큼 더 쌓을 수 있는 것이다.

따라서 플랫폼은 소비자뿐만 아니라 공급자인 소상공인과 자영업자에 대한 배려도 잊지 않아야 한다. 소상공인과 자영업자의 참여가 없다면 플랫폼은 소비자를 끌어들일 수 없었고, 이용자가 없으니 수익을 낼 수도 없을 것이다. 플랫폼 출발점이 어디인지 확실히 돌아보고 초심을 잃지 않는다면 '착한 플랫폼'이 되는 건 생각보다 쉬운 일이다.

Chapter 2

플랫폼의 사회적 책임과
기업가 정신

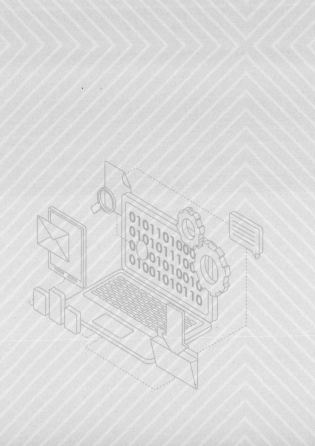

01

플랫폼의 지속 가능한
성장을 위한 변화

플랫폼 기업은 자율 규제를 할 수 있는가?

플랫폼 경제가 빠르게 확산되면서 우리 생활 곳곳에서 불편함을 느꼈던 분야에서 전방위적인 변화와 시도가 이루어지고 있다. 이런 변화는 기존 산업의 붕괴와 함께 공공 영역에서의 변화도 함께 불러일으킨다.

과거 공공이 해야 하는 분야조차도 어느 순간 효율적인 플랫폼이 대체 가능해지면서 기존 산업뿐만 아니라 공공기관의 영역까지도 거센 도전을 받고 있다. 이에 따라 공공은 기존 산업과 플랫폼 기업의 충돌로 인한 여러 여파를 관리함과 동시에 공공기관들의 각 기능에 대해서도 새로 정립해야 하는 상황에 놓였다.

우리 모두가 가장 크게 고민해야 하는 문제는 태생적으로 독점이 이루어질 수밖에 없는 플랫폼 경제를 어떻게 상생 가능한 시스템으로 만드냐는 것이다.

눈에 띄는 하나의 플랫폼 기업을 통제한다고 해결될 일이 아니다. 그 빈 자리를 채우는 것은 결국 또 다른 플랫폼 기업일 테니 말이다. 경쟁으로 인해 독점을 행하는 주체만 바뀔 뿐 이용자 모두는 결국엔 다른 주체에게 또다시 독점을 당해야 하는 것이 현실이다.

　대부분의 기업은 지속적인 혁신이나 보다 나은 서비스를 제공하여 소비자들에게 선택받는 과정을 통해 성장해나갔다. 그런데 플랫폼 기업은 이 과정을 가볍게 뛰어넘는다. 거대한 자본 투입으로 인한 일시적인 프로모션이나 경쟁자를 인수합병하는 식으로 독점적 지위를 취득하는 플랫폼 기업들의 사업 행태는 일반적인 기업 운영 방식이라 하기에는 사회적으로 비난받을 소지가 크다. 성장의 동력이 전적으로 내부 혁신이나 소비자의 선택에 달린 것이 아니라 예측 불가능하며 야합의 의혹이 있는 외부 요인에 의존하기 때문이다.

　이들이 우리 생활에 약간의 편리함을 주었을지는 모르지만 이로 인해 사회 공동체가 붕괴되거나 특정인들만 비정상적으로 이익을 취하는 모습들이 반복되고 있다. 계속적으로 혁신 기업이 생기고 선순환 구조로 발전하는 방향이면 좋겠지만 시장이 그렇게 긍정적으로만 작동할거라 생각하는 사람들은 거의 없을 것이다.

　해외 거대 자본과 투기꾼들은 우리 정부가 빠르게 변화하는 시장에 능동적으로 규제를 적용하지 못할 것을 충분히 예상하고는 단시간에 거대 이익을 회수하여 도망치듯 빠져나갔다. 우리는 이런 모습을 여러 사건과 사례를 통해 이미 확인한 바 있다. 문제는 이로 인한 피해가 고스란히 우리 국민들의 몫으로 남는다는 것이다.

　그동안 수많은 논쟁으로 갈피를 잡기 힘들었던 플랫폼 규제에 관한 사항들이 윤석열 정부 출범 후 업계의 자율 규제로 일단락되었다. 자율 규제라는 용어가 주는 형용모순적 정의처럼 업계의 양심에 규제의 방향을 맡긴다는 것 자체가 우리 정부의 큰 모험이 아닐까 한다.

정부의 유연한 대응과 규제 필요

2022년 새 정부가 들어서면서 플랫폼 기업에 대한 대표적 규제 법안인 온라인플랫폼 공정화법과 온라인플랫폼 이용자보호법에 대한 제정이 사실상 백지화되고 대신 플랫폼 자율규제기구를 통해 민간이 주도하며 운영하고 정부는 정책적으로 지원만 하는 산업진흥 중심의 규제로 바뀌었다. 민간 스스로 자율규제를 만들고 이에 참여하는 기업에는 인센티브를 제공하는 형식으로서 플랫폼 기업들은 그 어느때보다 자유롭게 사업을 확장해 나갈 수 있는 여건이 조성되었다.

'규제 하느냐? 진흥 하느냐?'의 여러 논란속에서 결국 진흥하는 방향으로 결론이 났지만, 무엇보다 중요한 것은 정부나 정치인들이 소비자 후생 증진 측면에서 모든 사안을 바라보고 접근해야 된다는 것이다.

정부 각 부처는 규제를 통해 본인들의 영향력을 넓히고 본인 부처의 인원 및 예산 증가 등을 추진하는 성격을 가지고 있다. 이는 필연적으로 정부 조직끼리의 경쟁이나 다툼, 충돌, 중복 규제 등을 불러왔고 결과적으로는 기업들의 건전한 사업 활동에 찬물을 끼얹는 경우가 많았던 것이 현실이다.

정치권에서는 이슈 선점이나 표몰이를 위해 여러 부작용이 뻔히 예상되는 와중에도 규제나 법안 발의를 무리하게 진행하는 경우가 많다. 법안은 한 번 만들어지면 추후에는 사실상 약간의 변경만 할 수 있지 없애는 경우는 드물기 때문에 입법 시에는 충분한 사전 검토와 연구가 필수적이다. 갑질 방지, 소상공인 및 골목상권 보호 등의 내용이 정치적으로 매력 있다는 이유로 이를 무기화하여 정략적으로 활용해서는 결코 안 된다.

우리 정치권에서는 그동안 사회적, 이념적 양극화를 최대한 활용하여 본인들의 정권 획득을 위한 수단으로 사용했다. 이러한 폐단이 4차 산업혁명 시대에도 그대로 답습되고 있는 듯하다. 이 부분에서는 정치권의 각성이 필요하다.

그동안 정부나 정치권은 플랫폼 산업의 다양한 이해관계자들의 의견 대립으로 인해 규제에 대한 갈피를 잡지 못했다. 그리고 이러한 혼란으로 인한 피해는 고스란히 우리 스타트업들과 국민들에게 돌아갔다. 그렇기 때문에 플랫폼 자율규제기구의 역할은 중요할 수밖에 없다.

플랫폼 기업은 사업의 속성상 계속되는 혁신과 통합을 통해 또 다른 가치를 만들고 새로운 시장을 만드는 것이 일반적이다. 결코 규제를 통해 플랫폼의 순기능을 저해해서는 안 된다. 미래의 혁신과 꿈을 포기시키는 것만은 반드시 막아야 한다.

플랫폼에 대한 사전 규제 관련 법안들의 제정이 사실상 무산되었지만 관련 법안들은 언제든지 재 이슈화 되거나 공론화 될수 있는 가능성이 상당히 크다. 어찌보면 그동안 사업 확장에만 치중하고 사회적 합의를 등한시 했던 우리 플랫폼 사업자들이 관련 이슈를 공론화한 장본인이라는 것은 부정할 수 없다. 일각에서는 플랫폼 사업자들의 자율규제기구가 과연 얼마나 효과적으로 운영되고 사회적 합의를 이끌어 낼지에 대해 우려의 눈초리로 보고 있는 것도 사실이다.

지방 정부에서 공공 배달앱을 직접 만들어 민간 배달앱의 불공정 거래에 대항하고 있는 선례가 있듯, 정부도 필요하다면 꼭 법안이나 규제가 아니더라도 여러 가지 방법을 통해 시장에 직접 개입할 수 있다는 점을 결코 잊어서는 안 된다. 앞으로 이런 선례가 반복되지 않도록 플랫폼 기업들 또한 자율 규제 기구를 통해 본인들 스스로 서비스에 대한 사회적 영향을 다각도로 고민해봐야 할 것이다. 특히 업력이 짧은 플랫폼 기업들이 흔히들 놓치는 무분별한 골목상권 진출, 기존 산업과의 충돌, 플랫폼 노동자 문제 부분 등에 대해서는 정부나 자율 규제 기구가 보다 면밀히 살펴보아야 한다.

플랫폼 기업의 자율 규제가 자칫 고양이에게 생선을 맡겨둔 모습이 되지 않도록, 기업들의 자성적인 노력은 물론이고 정부 및 자율 규제 기구, 시민단체들의 지속적인 관심 또한 필요하다.

경쟁력 있는 토종 플랫폼 살리기

미국과 중국의 글로벌 플랫폼들이 국가별 플랫폼 시장의 대부분을 장악하고 있는 현실에서 국내 토종 플랫폼들은 내수시장을 지키기 위해 정말 힘겨운 싸움을 하고 있다. 플랫폼 사업 자체는 기본적으로 내수시장이 일정 규모 이상으로 뒷받침 되어야만 발전이 가능하며 강대국들간의 힘의 논리가 작용하는 부분의 사업이라 우리나라와 같이 작은 나라에서 글로벌 플랫폼이 아닌 토종 플랫폼이 국내 시장을 리딩한다는 것은 정말 대단한 일이다.

플랫폼 사업은 태생적으로 빠른 시간안에 시장을 장악한 후 이용자의 선택권을 제한하는 방식으로 규모를 키워간다. 플랫폼들의 독점으로 인한 갑질 및 불공정 행위 등은 국내 뿐만 아니라 세계 거의 모든 나라가 동일하게 겪는 사회적 문제이다. 비록 플랫폼 사업이 문제가 있다고 하더라도 산업의 진흥을 위해 정부와 국회는 체계적인 지원 전략을 반드시 세워야 한다. 국내 토종 플랫폼과 글로벌 플랫폼의 태생부터 다른 형태를 인정하지 않고 온라인 플랫폼 서비스라는 이유만으로 일률적이고 강력한 규제 법안을 만들수는 없다.

과거 추진 중인 중이었던 대부분의 법안의 내용을 살펴보면, 플랫폼 사업자에게 대규모유통사업자에 준하는 의무를 부과하고 정부가 적극 개입해 계약 표준화, 거래기준 준수 등을 지켜 나가도록 압박하는 형태였다. 이러한 규제는 스타트업 초기 단계의 사업자, 즉 영업이익을 내지 못하는 플랫폼 사업자에게도 어김없이 적용된다. 국내 토종 플랫폼에 대한 규제가 강화되면 해외 플랫폼의 국내 잠식이 쉽고 빨라질 수 있다는 우려의 목소리가 높다.

〈 온라인 플랫폼 공정화법 논란 〉

내용	법안	업계 주장
적용 범위	국내 소재지 플랫폼	국내소비자 간 중개만 염두에 두고 있어 해외사업자의 국내외 중개역차별
해당 기업	매출액 100억원 거래금액 중개거래 금액 1,000억원	해외사업자의 경우 적용 범위 없음. 국내 플랫폼사업자 30여 곳 역차별 (네이버, 다음, 쿠팡, 옥션, 지마켓, 11번가, 배민 등)
서면 계약 의무화	중개거래계약서 의무화	온라인 플랫폼에 적절하지 않은 서면 계약. 자영업자 수십만 명에게 적용. 현재 약관으로 대체 가능 과잉 규제
온라인 순위 변경	다른 온라인 플랫폼 등을 이용한 판매 차별 금지	경영상 판단에 따라 독점적 재화 판매 결정할 수 있어야

출처 : 매일경제[7])

지난 2020년 공정거래위원회가 온라인플랫폼공정화법 제정안을 입법예고하자 논란이 일기도 했다. 온라인플랫폼공정화법은 거대 플랫폼의 횡포를 막고 입점업체를 보호하기 위해 주요 항목을 계약서에 의무적으로 명시하는 것으로 알고리즘, 수수료 등 영업비밀까지 공개될 수도 있다. 이에 관련 업계

---

7) 매일경제 : 산으로 가는 플랫폼 공정화법… 공정위 · 방통위 · 중기부 "우리가 주도" 2021. 2. 17

에서는 구글, 아마존 등 외국 플랫폼은 제외된 상태에서 국내 플랫폼만 법을 준수하는 것이 역차별이라는 것이다.

전자신문은 2021년 한국미디어경영학회 주최로 열린 '플랫폼 생태계 공생방안' 토론회에서 임정욱 TBT 대표의 발언을 전했다. 임정욱 대표는 "해외 빅테크 기업에게는 규제를 하지 못하면서 국내 기업에게만 상생과 규제를 일방적으로 요구해서는 안 된다. 토종 플랫폼이 성장하지 못하면 결국 해외 플랫폼 기업들의 놀이터로 전락하게 된다"고 지적했다. [8]

또한 2022년 3월에 열린 '윤석열 정부 온라인플랫폼 자율 규제 도입방안 토론회'에 참석한 박성호 한국인터넷기업협회 회장은 "정보통신기술업계는 하루아침에 기술, 서비스가 변하는 만큼 공무원이 만든 법안이 현상을 따라갈 수 없다. 자율 규제는 무(無)규제나, 탈(脫)규제가 아닌, 같이 (규제)하자는 의미로 받아들여야 한다. 자율 규제를 바라보는 패러다임이 바뀌어야 한다."고 밝혔다.

함께 자리한 박용후 피와이치 대표는 "소수의 반대로 혁신 서비스가 중단되는 '타다'의 사례가 다시는 발생하지 않도록 과도한 규제 입법은 지양하는 것이 옳다. 사전규제 중심의 현 규제 방식을 사후규제로 전환하는 등 과감한 규제혁신을 추진해야 하며, 성장을 가로막고 우리 기업을 고사시키는 규제가 아니라 도와주는 관점으로 바꾸면 우리 ICT, 플랫폼 기업들이 더 잘할 수 있을 것이다."라고 전했다. [9]

윤석열 정부 출범 후 온라인 플랫폼 공정화법을 포함한 많은 플랫폼 관련

---

8) 전자신문 : "토종 플랫폼 성장 못하면 해외 기업의 놀이터로 전락" 2021. 11. 11
9) 조선비즈 : "플랫폼이 갑질? 자율 규제하자"… 네·카에 힘 실어주는 尹 2022. 3. 28

규제 법안들이 사실상 백지화되고 플랫폼 사업자들이 중심이 된 자율규제 방식으로 바뀌었지만 규제와 관련한 논란들은 여전히 뜨거운 감자로 남아있다. 과연 플랫폼 기업들이 자발적으로 자율 규제를 통해 시장의 여러 이해 당사자들의 의견을 골고루 반영할 수 있는지에 대해서는 많은 사람들이 의심에 눈초리를 보내고 있다.

국내 토종 플랫폼 기업들이 최근 몇 년간 폭발적인 성장을 하며 여러 이해 관계자들과 충분한 사회적 합의를 이루어내지 못한 것은 사실이다. 하지만, 정부와 국회가 국민 여론에 등 떠밀리듯 '플랫폼=악(惡)'이라는 이분법적인 편견을 바탕으로 단순히 산업이 커지니까 규제를 하겠다는 식의 접근을 해서는 결코 안된다. 정부와 국회는 토종 플랫폼과 전통산업간에 생기는 마찰들을 중재와 조정을 통해 현명하게 극복해나갈 방안을 찾고, 글로벌 플랫폼의 대항마로서 토종 플랫폼들이 성장할 수 있도록 뒷받침 해줘야 한다.

미래에 대한 불확실성으로 인해 당장 몇 개월 뒤의 상황도 예측하기 힘든 스타트업에 지속 가능한 사업 모델을 만들라고 하거나 사회적 가치를 창출하여 국가와 사회에 기여하라는 요구는 어찌 보면 너무나 큰 짐일 수 있다.

스타트업의 출발점은 우리 생활에 아주 작은 불편함을 개선하는 데 있다. 만약 스타트업이 오직 수익을 위해서만 사업 방향을 설정하고 기업가 정신이나 사회적 가치를 등한시한다면 그로 인해 우리 생활에 직접적인 부작용을 초래할 수밖에 없다.

정부나 국회에 대한 불신 이상으로 재벌이라 불리는 전통적 대기업에 대한 불신이 사회적 인식 저변에 널리 깔려져 있다. 플랫폼을 근간으로 급성장한 유니콘 스타트업 역시 단시간에 대기업에 준하는 규모를 이루면서 전통적 재벌이 가지고 있는 장점과 단점 역시 동시에 흡수하게 되었다. 그중 전통적 재벌이 자주 겪는 독과점이나 불공정 거래에 관한 문제 역시 마찬가지였다. 혁신의 아이콘인 유니콘 스타트업도 이런 문제에 있어서는 대기업과 다를 바가 없었다.

플랫폼의 독과점과 불공정 거래 문제는 배달의 민족이 아니라 요기요가 해도 그랬을 것이고 배달통이 했어도 마찬가지 문제가 발생했을 것이다. 야놀자가 아니라 여기어때가 시장을 독점해도 우리는 동일한 문제로 고민 했을 것이다. 자영업자나 소상공인들에게 플랫폼과 관련된 여러 의견을 들어보면 대부분 비슷한 내용으로 수렴된다. 매출은 많이 나고 주문은 많은데 실제로는 플랫폼 기업에 수수료를 주고 나면 남는 게 없어 사업을 계속해야 할지 의문이라는 의견이 그것이다.

많은 언론에서 플랫폼 기업을 무조건적으로 악의 축이라고 극단적으로 규정하는 것에 대해 스타트업 업계는 우려의 목소리를 내고 있다. 그러나 그동안 많은 사람들이 지적해온 상생과 사회적 가치의 창출을 위한 스타트업 업계의 노력이 부족했던 것은 사실이다.

플랫폼 기업들에 대한 부정적인 내용들이 공론화되고 정치권에서 규제를 가하려는 모습을 보이면 그제야 플랫폼 기업들이 울며 겨자 먹기식으로 보여주기식 상생을 외치며 플랫폼 생태계의 사업자들에 대한 각종 지원책을 만든다. 과연 초기부터 지속 가능한 경영을 생각하고 사회와의 상생을 고민하며 사업 모델을 구축한 플랫폼 기업이 몇 곳이나 있을까? 사회적 여파나 가치 창출을 살피기보다 투자자의 입맛에 맞게 사업의 방향을 설정하고 추진력만 앞세워 밀고 나가는 것이 결코 정답은 아닐 것이다.

정치인들은 속성상 당연히 사회적 이슈에 민감하게 반응하고 움직일 수밖에 없다. 이러한 사회적 문제와 이슈를 만들어낸 당사자들은 결국 스타트업들임에도 불구하고 해당 이슈에 대해 문제가 확대되기 전까지는 소극적으로 대처한다. 이러한 모습들은 과거 우리 재벌 기업들이 국민에게 지탄받던 모습과 너무나 판박이다. 극단적인 수익 추구, 한탕주의를 부추기는 투기 자본들로부터 **벗어나** 우리 사회공동체와 상생하며 지속 가능한 경영을 추구할 수 있는 유니콘이 이제는 등장해야 할 시기라 생각한다.

플랫폼 기업의 지속가능성에 대한 투자

'4차 산업' 만큼이나 많이 거론되는 단어가 '지속가능성'이다. ESG경영 시대가 도래하면서 대다수의 기업들은 상생과 공존, 지구의 미래를 위해 다채로운 변화를 꾀하는 한편, 이해관계자들과의 거리 좁히기, 충성도 확보를 위한 사회적 책임과 공유 가치 창출 등을 위해 힘쓰고 있다.

디지털 세상도 마찬가지다. 유니콘 기업들은 지속 가능한 성장을 위해 비재무적 성과에 관심을 기울이고 있다. 기업의 가치는 매출, 순익 등 숫자로 공개되는 재무적 성과와 ESG로 대변되는 비재무적 성과로 나뉜다. ESG는 환경(Environmental, 친환경 경영), 사회(Social, 사회적 책임), 지배구조(Governance, 투명한 지배구조)를 말하는데 이들의 성과는 기업 성과로 이어지고 기업을 평가하는 중요한 척도가 된다.

'자본주의의 꽃'이라고 불리는 기업은 수익창출을 통해 고용과 임금을 제공하고 구매, 투자, 세금 등으로 사회 발전에 기여한다. 구시대적 관점에서 기업은 주주 자본주의를 중심으로 운영이 되었다면 현재는 고객과 이해관계자가 중심이 되는 자본주의로 탈바꿈 되었다. 과거에는 주주의 이익을 최우선으로 했다면 지금은 고객과 이해관계자의 이익에 공헌하는 데 더 큰 가치를 두는 것이다. 이런 까닭에 기업의 비전이나 방향이 ESG에 맞춰졌고 사회적 책임을 다하는 기업이 점점 높은 평가를 받고 있다.

카카오는 그룹 홈페이지(www.kakaocorp.com)를 통해 ESG경영을 강화하고 있다고 알렸다. 카카오 ESG위원회 최세정 위원장은 "2021년은 ESG 경영을 강화하기 위해 다양한 활동을 펼친 한 해였습니다. 기업지배구조헌장을 제정하고 ESG위원회를 설립하여 건전한 지배구조 확립을 위한 초석을 마련하였으며, 유엔 글로벌 컴팩트(UNGC, UN Global Compact)에 가입하여 국제연합의 핵심 가치인 인권, 노동, 환경, 반부패 분야의 10대 원칙을 준수하기 위해 노력하고 있습니다."라고 전했다.

또한, '카카오는 인간 중심 철학을 바탕으로 인권에 관한 국제 원칙을 준수하고, 플랫폼 사업자로서 디지털 인권을 보호하는 데 앞장서왔으며, 국내 민간 기업 중 처음으로 '증오발언 근절을 위한 원칙'을 발표하는 등 활동을 펼치고 있다'고 덧붙이며 책임 보고서를 통해 ESG활동 내역을 투명하게 공개할 계획이라고 덧붙였다.

ESG경영이 시대의 화두로 떠오르면서 기업들은 공유가치창출 부분에 있어서 많은 노력을 기울이게 되었다. 많은 기업들이 경영 활동을 통해 창출한 수익의 일부를 사회에 적극적으로 환원함으로써 혼자 부자가 되기 보다는 모두가 잘 살 수 있는 사회로의 발전을 선택하였다. 초기에 우리 기업들은 단순히 기부를 통한 후원자의 역할을 주로 하였으나 기업의 사회적 책임과 의무, 공유가치창출 등이 중요해 지면서 사회문제의 해결과 기업의 이윤 추구를 동시에 하는 방향으로 사회공헌활동이 점점 진화되었다.

플랫폼 기업이 유용한 플랫폼을 세상에 내놓은 것은 공유가치면에서 매우 긍정적인 부분이다. 사회에 필요한 것을 살피고 시장에 맞는 비즈니스 모델을 제시하는 것이 공유가치의 기본이기 때문이다.

이러한 새로운 모델은 사회의 여러 사람과 관계를 맺게 하고 정보, 유통 등 다채로운 채널을 결합시켜 기업과 사회 모두에게 이로운 혁신을 가져온다. 플랫폼 기업이 처음 플랫폼을 만들었을 때 소비자와 자영업자 모두에게 유익함과 편리함을 주었던 것을 생각해보면 플랫폼 기업이 태생부터 수익 창출에만 눈이 멀었던 것은 아니다. 자본주의 사회에서 기업은 수익창출이 기본 목표이기는 하지만 오직 돈만 벌기 위해서만이 아니라 사회 공헌을 하면서도 수익도 낼 수 있는 비즈니스 모델을 제시한 것이다.

플랫폼 기업은 ESG경영에서 S, G와 밀접한 관련을 가진다. S(사회)는 경쟁사, 협력사, 근로자, 소비자 등 다양한 이들과 관계를 맺고 공정 거래, 부패 방지, 파트너십, 고객 만족, 근로자 기본권 보장, 사회적 책임, 소통, 인재 양성, 고용 평등 등의 사안을 해결해야 한다. G(지배구조)는 지배구조의 투명성, 부패 방지, 기업 윤리, 공정 경쟁 등 사회적 윤리를 지켜야 하는 것이다.

폐기물, 온실가스 배출, 환경오염 등에 관여하는 E(환경)에 대해서는 조금 자유로운 편인 듯 보이지만 친환경 포장재를 사용한다거나 자연 친화적 데이터 센터 운영, 에너지 절약 등 환경에 관한 노력도 아끼지 않고 있다.

ESG는 장기적으로 재무성과에 영향을 미치며, 기업의 가치와 이미지를 판가름한다. 무엇보다 기업 평가에서 ESG의 잣대가 점차 강화되고 있으므로 스타트업 투자 시에도 ESG가 가장 강력한 영향력을 미치고 있다. 2021년 기준 8조 7,000억 달러(약 9,572조 원)의 자산을 운용하는 세계 최대 자산운용사 블랙록(Blackrock)의 창업자이자 최고경영자인 래리 핑크(Larry Fink)는 "ESG와 관련해 성과가 좋지 않은 기업에는 투자하지 않는다."라고 밝힐 정도로 지금의 자본주의는 ESG의 흐름을 타고 움직이고 있다.

　이런 까닭에 유니콘 플랫폼 기업들도 ESG를 무시할 수 없게 됐다. 막강 플랫폼 네이버는 가장 공신력이 있고 영향력이 큰 MSCI(Morgan Stanley Capital International)의 'ESG Leaders Index'에서 국내에서는 유일하게 최고 등급인 'AAA'를 받았다. 네이버는 2020년에 'A' 등급을 받은데 이어 1년 만에 2계단이나 상승해 최고 등급을 받은 것이다. 네이버는 ESG 각 분야에서 골고루 좋은 성과를 냈는데 특히 S부분에서 높은 점수를 받았다. 카카오 역시 지속 가능 보고서 'ESG 보고서 2020 카카오의 약속과 책임'을 통해 ESG 점수를 공개하기도 했다.

　중개앱인 배달의 민족도 지속 가능 경영 활동에 애쓰고 있다. 저소득층 아이들을 위해 쿠폰을 기부하거나 독거노인에게 우유를 후원하는 캠페인을 벌였으며 배민아카데미를 운영하고 외식업 소상공인에게 경제적 지원을 펼치기도 했다.

　ESG에서도 일회용품 사용을 줄이고 재활용 가능한 포장재와 보냉재 사용, 물이 든 아이스팩 사용 등 다양한 친환경 활동을 선보여 E(환경)에 앞장섰고, Association for Supporting the SDGs for the United Nations에서 배달앱 업계 최초로 최우수 등급(AAA)을 획득했다. 더불어 소상공인과 상생을 위한 교육 및 지원, 배달 라이더 처우 개선 등의 협약을 진행했다. 반면 배달의 민족 매각으로 배달앱 시장을 독점하면서 G(지배구조)면에서 논란의 중심에 서기도 했다.

정보가 오가는 중개앱과 달리 재화를 직접 판매하고 배송하는 유통앱의 경우, ESG의 환경에 큰 관심을 기울이고 있다. 쿠팡의 경우 친환경 배송 서비스로 E(환경)를 해결했으며, 마켓컬리는 모든 포장재를 100% 재활용 가능한 종이로 전환하는 등의 변화를 꾀했다.

기업의 사회적 가치 실현

초성장 시대와 양극화를 맞이하면서 우리 기업들은 사회적 책임을 강조하며 이해관계자들이 동반 성장하는 부분을 중시하고 있다.

우리는 선한 의도가 항상 선한 결과로 이루어질 수 없다는 것을 염두에 두어야 한다. 과거와 같이 혁신이 필요한 시장이니 혁신만 하면 된다는 생각보다는 반드시 우리 사회 공동체와 사회적 가치를 지키며 함께 간다는 공동체 의식이 이 시대의 창업자들에게 꼭 필요한 기업가 정신이다.

4차 산업혁명시대의 창업자와 스타트업은 사업 기회만 볼 것이 아니라 이로 인한 사회적 여파까지 함께 고려해야 한다. 혹자는 '스타트업들이 사업만으로도 정신이 없는데 어떻게 사회적 여파를 일일이 고려하면서까지 사업을 하느냐'라고 반문할 수도 있다. 그러나 스타트업이라고해서, 혁신을 이끈다고 해서 이것이 모든 부분의 면죄부가 될 수는 없다.

특히나 플랫폼을 활용한 사업과 같이 사회적 여파가 충분히 예상되는 사업을 할 경우에는 기존 산업을 무조건적으로 개혁의 대상으로만 바라보기보다는 기존 산업과의 조율과 협의를 통해 사회 공동체와 함께 발맞춰가는 혁신을 이루어야 할 것이다.

창업자와 스타트업은 우리가 속한 공동체와 끊임없이 소통하고 논의하며 사업 방향을 정립해 가야 한다. 이는 진정한 지속가능성을 위해서는 필수적이다. 언제부턴가 스타트업이 영앤리치(young and rich), 한탕주의, 멋스러운 직업 등으로 변질되며 투자금을 마치 개인 돈처럼 흥청망청 쓰다가 지탄받는 사례가 빈번하게 발생하고 있다.

과거 1980년대는 눈부신 경제 발전과 함께 환경오염 및 노동자 문제 등이 급부상했으나 모두 등한시되었다. 당시에는 나라를 위해 이 정도의 희생은 당연하다고 여기는 기업이 대다수였기 때문이다. 스타트업 업계에서는 지금도 그때와 같은 현상이 반복되는 듯하다. '혁신을 위해 공동체를 무시하는 것은 괜찮다'는 매우 우려스러운 인식이 당연하게 퍼져 있는 것이 안타까울 따름이다.

노동 시장 역시 긱 이코노미(Gig Economy)[10]가 확산되면서 이를 악용하는 스타트업이나 기업가들 또한 늘고 있다. 인간과 노동력을 단순히 이용만 하고 필요 없으면 버리는 모습은 우리가 그동안 쌓아온 노동의 가치를 하나둘씩 무너뜨리는 행위들이다.

너무나도 당연하게 노동자에게 희생을 강요하는 스타트업 업계의 인식은 분명히 개선되어야 하는 부분이다. "스타트업은 고생할 수 있다. 당연히 받아들여야 한다."라는 식의 인식 강요는 과거 악덕 기업들이라고 불리던 곳들이 그랬던 것처럼, 기업의 경영진만 행복하고 나머지 구성원들은 불행에 빠뜨리

---

10) 기업에서 그때 발생하는 업무 수요에 따라 계약직, 프리랜서 형태로 사람을 고용하는 형태를 말한다.

는 악순환을 반복할 뿐이다.

2022년 5월, 최태원 대한상공회의소 회장, 정의선 현대자동차그룹 회장, 손경식 한국경영자총협회 회장 등 주요 그룹 총수를 비롯해, 경제단체장과 김봉진 우아한형제들 이사회 의장, 김슬아 마켓컬리 대표 등 유니콘 기업 창업자들이 '신기업가정신 협의체(ERT)'를 출범시켰다.

삼성, SK, 현대차, LG, 롯데 등 5대 그룹을 포함 쿠팡, 우아한형제들, 마켓컬리 등 우리나라 대표 유니콘 기업이 함께했다는 것만으로도 화제를 모았는데, 협의체 참여 기업은 앞으로 더 늘어날 가능성이 있다.

'신기업가정신 협의체'는 고용, 지역 균형, 환경, 동반 성장 등 사회적 문제해결을 위해 위원회를 개최할 예정이라 발표하며, 첫 번째 실천 과제로 일자리 창출을 내세웠다. 이어 기업 외부 이해관계자에 대한 신뢰와 존중, 조직 구성원이 보람을 느끼는 기업 문화 조성, 친환경 경영 실천, 지역사회와 함께하는 성장을 5대 실천 명제로 명시했다.

신기업가정신 협의체는 "대한민국은 디지털 전환과 기후 변화, 인구 절벽, 사회 구성원의 행복 추구 등 새로운 위기와 과제를 맞이하고 있다. 이러한 이슈를 해결하고 지속 가능한 공동체를 만들기 위해서는 기업도 그 역할을 새롭게 하여 국민의 신뢰를 얻어야 할 것"이라고 강조했다.

동아일보는 신기업가정신 협의체 출범에 대해 "이번 공동선언과 실천을 위한 ERT 출범은 기업계가 국민 지지를 얻지 못하고 있다는 자성과 변화의 목소리에서 출발했다는 분석도 나온다. 경영 환경의 어려움에도 불구하고 2020년 공정경제 3법(상법, 공정거래법, 금융그룹감독법), 지난해 중대재해처벌법 등 기업 규제 입법이 강화되어 온 것은 결국 기업에 대한 낮은 신뢰와

반감이 한 요인이 됐다는 의미다."라고 전했다. [11]

　앞으로 우리 창업가나 스타트업들이 어떠한 사업 아이템을 발굴할 때는 기본적으로 사회적 가치의 실현과 우리 사회 공동체와의 융합에 대해 깊이 있게 고민하는 과정을 거쳤으면 한다. 부디 이 사유를 전제로 노사는 물론 지역 경제 및 공동체를 활성화하며 나아가 공동선을 추구하는 창업이 이루어졌으면 하는 바람이다.

---

11)　동아일보 : 재계 '新기업가 정신' 선언, 좋은 일자리 창출을 1호 과제로 2022. 5. 18

02

플랫폼 기업과
기업가 정신

피터 틸의 '성공하려면 독점하라'의 의미

페이팔의 창업자인 피터 틸은 핀테크 분야에서 가장 성공한 인물이라 할 수 있다. 핀테크는 금융(finance)과 기술(technology)의 합성어로, 피터 틸은 가장 보수적인 비즈니스 분야인 금융에 IT를 접목시켜 혁신을 일으켰다.

2015년 방한한 바 있는 피터 틸은 강연회에서 스타트업 성공 전략과 투자 노하우 등에 대해 연설했다.

피터 틸은 핀테크 스타트업의 성공 요건에 대해 "타 회사가 모방하지 못하는 독점적인 면이 있어야 한다."라고 밝혔다. 덧붙여 "범위를 좁히고 신속하게 이행하고 실천할 수 있는 아이디어에서 시작하라."라고 조언하며 "처음부터 큰 회사를 경쟁 상대로 보지 말고 많은 사람들이 간과하는 소외된 시장을 대상으로 해야 한다."라고 말했다.

피터 틸의 조언은 비단 핀테크 스타트업에만 해당하는 것은 아닐 것이다. 플랫폼 분야든 타 분야든 혁신의 길을 걷는 스타트업에 모두 적용되는 황금률이라 할 수 있다.

그는 스타트업이 성공하기 위한 핵심으로 '특이점'을 꼽았다. "성공적인 창업을 하려면 모두가 가는 시장은 피해야 한다. 모두가 경쟁하는 시장을 피해 자기만의 통찰력으로 새로운 시장을 개척해야 한다. 0에서 1, 즉 새로운 기술을 만드는 힘은 각자의 특이점에서 나온다."라고 전했다.[12]

또한 피터 틸은 보수적인 금융업계와 스타트업의 매치는 쉬운 일이 아니라며 이런 불편한 공존을 풀기 위해서는 '규제 환경에 적응하는 수밖에 없다'고 현실적인 조언을 아끼지 않았다.

"의학 분야가 규제가 심하기 때문에 의학 회사는 별로 없는 반면 규제가 덜한 비디오게임 회사는 많아지는 겁니다. 규제 환경은 산업에 큰 영향을 미칩니다. 신생 기업 한 곳이 혼자 규제 환경을 바꿀 수는 없습니다. 그러니 현실적으로 적응하고 어떤 사업이 가능한지 파악해야 합니다. 규제가 완화되는 분위기라면 신생 기업이 뛰어들 여지가 있을 겁니다. 아주 심하게 규제되는 산업이면 안 하는 편이 나을지도 모르겠네요."[13]

스타트업이 성장하면서 자연스럽게 힘이 커지고 이 힘이 우리 사회에 여러 부정적 현상을 불러온다면 정부나 정치권은 각종 규제를 고민할 수밖에 없다. 이 규제를 성장의 발목을 잡는 걸림돌로 생각하지 말고 사회적 상생과 공존을 위한 디딤돌로 생각을 전환한다면 분명 다시 한번 퀀텀 점프 (Quantum Jump)[14] 할 수 있는 힘을 갖게 될 것이다.

---

12) 헤럴드 경제 : "특이점을 발견하라", 페이팔 창업자 피터 틸 2015. 2. 24
13) BLOTER : 피터 틸 "성공하려면 크게 경쟁 말고 작게 독점하세요" 2015. 2. 26
14) 기업이 단기간에 기존의 틀을 깨는 혁신을 통해 비약적으로 성장 및 발전하는 경우를 말한다.

악덕 중소기업 그대로 따라 하기
(NFT 스타트업 '메타콩즈'의 방만 경영 논란)

　법인 명의로 고가 외제차를 구입하거나 회사에 출근도 안하는 경영진 가족에게 월급을 지급하고, 친인척 회사에 수억 원을 투자하는 행태. 인터넷 커뮤니티에서 흔히들 말하는 '가족 같은 회사'를 표방하는 몇몇 중소기업의 모습이다.

　그런데 이러한 모습이 우리 스타트업들 사이에서도 심심치 않게 보이고 있다. 스타트업이기 때문에 관리 부분이 약해서 생긴 문제라고들 변명하지만 규모가 작다고해서 마냥 덮어둘 문제는 아니다. 이는 경영진의 기본적인 도덕성 문제와 결부되어 있기 때문이다. 도덕성과 사회에 대한 경제적, 문화적 책임감은 기업들에 기본적으로 요구되는 기업가 정신이다. 스타트업 창업자 중에는 이러한 정신이 부재한 사람, 즉 근본적으로 사업을 하면 안 되는 사람이 사업을 벌인 경우가 생각 외로 많다.

　투자자들이 고민 끝에 어렵게 스타트업에 대한 투자를 결정했다고 가정해보자. 투자회사의 경영진이 투자금을 개인 쌈짓돈처럼 쓰는 모습을 보면 과연 누가 이 회사에 계속 투자하고 싶겠는가? 경영진의 도덕성 부재로 인한 문제를 스타트업의 일반적인 관리 시스템 부재로 치부하는건 누가 봐도 면피성 변명이다.

〈 NFT 스타트업 '메타콩즈' 〉

출처: 메타콩즈 웹사이트 www.themetakongz.com

현대자동차, 신세계 등 대기업과의 협업으로 주목받았던 국내 대표 NFT(Non Fungible Token) 프로젝트 '메타콩즈' 투자자들이 경영진에 대한 불만을 공개해 논란이 된 사건이 있다. 프로젝트의 부진, 해킹으로 인한 투자자 피해 등으로 경영난에 빠지자 일부 투자자들이 메타콩즈 프로젝트 대표와 최고운영책임자의 퇴진을 요구한 것이다. 이에 최고운영책임자는 최고기술책임자가 수억대의 외제차를 법인 차량으로 구매해 사적으로 사용했다고 폭로하는 등 진흙탕 싸움을 벌였다. 메타콩즈의 내부 갈등은 대표와 최고운영책임자가 사임하는 것으로 마무리되었고 최고기술책임자가 메타콩즈를 인수해 신뢰를 회복할 것이라고 밝혔다.

기술 부족으로 인한 해킹 문제나 사업성 부족으로 인한 수익성 문제는 어떻게 보면 향후 보완을 통해 얼마든지 극복이 가능하지만 도덕성 해이로 인한 기업가 정신의 부재는 결코 극복될 수 없다. 상식선에서만 판단해도 옳고 그름이 판가름 나는 문제에 있어 단순 실수였다거나 관리 시스템의 부재로 인한 판단 착오였다는 식의 변명을 한들 그 누가 그걸 그대로 받아들이겠는가? 창업자나 경영진이 문제를 인식하고 이제 제대로 하겠다 하더라도 이들의 기본적인 소양 및 도덕성은 밑바닥이라고 밖에는 생각이 되지 않는다. 걸려서 문제가 된 거지 걸리지 않았다면 그냥 넘어갔을 거라고 생각하는 게 대다수의 의견일 것이다.

문제는 이러한 상황이 단 한 곳의 스타트업에서만 일어나는 문제가 아니라는 데 있다. 많은 스타트업 기업들이 투자금을 받은 뒤 무분별하게 사용하는 문제에 대해, 과거부터 여러 차례 지적된 바 있다. 우수한 인재를 유치하기 위해 다양한 복지 혜택을 제공하는 수준을 넘어서 과도한 금전적 우대 정책이나, 몇몇 경영진에게만 해당되는 법의 경계를 아슬아슬하게 넘나드는 혜택은 경영진의 도덕적 해이와 방만한 경영의 증거라고 이미 수차례 논란이 되었다. 연륜 있고 경력 있는 투자자와의 정기적인 미팅을 통한 감시 체제 구축만으로는 이런 문제는 막을 수 없다. 근본적으로 기업가 정신의 함양을 통한 도덕적 운영이 중요하다.

흔히들 오픈마켓에서 추가 쿠폰을 통해 할인받으려고 할 때 자신의 개인정보를 제공하는 경우가 있다. 이때 대부분의 소비자는 개인정보 제공을 통한 일종의 금전적 보상에 대해 충분히 인식을 하고 자의적인 행동을 한다. 흔히들 말하는 마케팅 수신 동의라는 항목이 바로 이것이다. 하지만 세무회계 플랫폼 '삼쩜삼'의 경우 이용자 대부분이 자신의 개인정보가 향후 어떤 식으로 사용되는지에 대해 충분히 인식하지 못했다.

삼쩜삼은 '1인당 평균 환급액 17만 원'이라는 솔깃한 광고 문구로 삽시간에 800만 명의 가입자를 모은 세금 신고 및 환급 대행 앱이다. 누구나 간편하게 환급액을 확인 후 받아볼 수 있다고 광고했고 실제로 편리하게 환급이 가능했지만, 문제는 개인 정보 처리 과정에 있었다. 삼쩜삼에 가입하면 국세청 세무대리인이 삼쩜삼 협력사 세무법인으로 자기도 모르게 자동 등록된다. 이 과정은 가입 시 '동의'의 형태로 자동 실행되기 때문에 이 내용에 대해 알지 못한 이용자들이 대부분이다.

이를 두고 삼쩜삼에서는 '약관에 이미 공지되어 있으니 문제가 없다'라는 식으로 일관하며 이용자들을 분노하게 만들고 있다. 하지만 상식적으로 누군가에게 무언가를 고지할 때, 심지어 그것이 개인정보를 제삼자에게 제공하는 등의 중요한 사항일 경우 상대방이 충분히 알아들을 수 있게 고지하는 것이 일반적이다. 특히나 요즘같이 개인정보에 민감한 시대에는 어떤 서비스를 이용할 때 내 개인정보가 나도 모르는 사이에 쓰인다거나 나도 모르는 사이에 무언가가 바뀔 수 있고 전혀 새로운 제삼자가 나의 대리인으로 지정된다면 당연히 불쾌할 수밖에 없다.

누가 봐도 교묘한 수법인데 본인들만 교묘하지 않고 의도치 않았다고 한다. 그리고 법적으로 책임이 없으니 자신들은 모르겠다며, 모든 것은 약관을 제대로 확인하지 않은 이용자들 탓이라는 식으로 책임을 전가한다. 똑똑하고 유능한 인재들이 이끌어간다는 스타트업이 과연 이런 문제가 생길 수 있다는 사실을 사전에 모른 채 진행했을지, 강한 의문이 든다.

〈 세무 스타트업 '삼쩜삼' 〉

출처: 삼쩜삼 웹사이트 www.3o3.co.kr

——— 플랫폼 경제와 공공의 역할

삼쩜삼의 운영사인 자비스앤빌런의 경영진 및 투자사들의 화려한 경력만 살펴보더라도 사전에 이러한 문제를 전혀 예상하지 못하고 서비스를 펼쳤다는 것은 상식적으로 납득이 되지 않는 변명이다.

플랫폼 기업이 혁신적인 사업을 펼치다 기존 산업계와 충돌하는 일은 종종 벌어진다. 이는 스타트업의 특징이자 스타트업만이 할 수 있는 변혁이므로 크게 문제될 일이 아니다. 그러나 교묘한 꼼수와 소비자 기만으로 선량한 이용자를 우롱하는 행위에 대해서는 스타트업이 분명히 개선 대책을 마련해야 할 것이다.

사람들은 기존 세무업계의 이익단체라고 할 수 있는 세무사회와 세무 스타트업 삼쩜삼의 주도권 공방에 대부분 관심이 없다. 스타트업이 편리함을 내세워 나의 개인정보를 수집하거나 또 이를 이용해 무언가를 할 수 있다는 점에 분노할 따름이다.

혁신적인 서비스를 통해 그동안 이용자들이 느꼈던 불편함과 불합리함을 해소시켜 주는 게 스타트업에 대한 일반인들의 기대이다. 하지만 이런 기대와는 다르게 서비스 이용자들을 대상으로 알아채기도 힘든 고지를 해놓고는 이용자 본인도 모르는 사이에 본인의 세무대리인이 바뀌어 있고 개인 정보까지 타인에게 노출될 수 있다면 과연 그 어떠한 사람들이 관련 서비스에 대해 긍정적으로 생각할지 의문이다.

"우리는 분명 고지했고 법적 책임은 없으니 알아서들 하세요."가 과연 최선의 답일까?

결국 삼쩜삼의 이러한 대응은 이용자를 대상으로 본인들은 법적 잘못이 없으니 국세청에 가서 직접 탈퇴를 하든 말든 알아서 하라는 식의 불친절하고 무책임한 모습으로 비춰질 뿐이다.

안 그래도 스타트업 서비스에 반신반의하는 사람이 많은 지금, 이렇게 성의 없는 대응은 결코 적절치 못하다. 이용자들의 외면은 결국 스타트업을 자연 도태시킨다.

이러한 미숙한 위기 대응 능력과 커뮤니케이션 능력을 통해 스타트업이 얻는 것은 과연 무엇일까? 해당 스타트업들은 과연 이런 것이 문제라고 생각이나 할까?

경제학자 앨버트 허시먼(Albert O. Hirschman)이 말했듯 '경쟁 상황에서 소비자들이 항의나 이탈을 통해 기업을 응징하는 것이 가장 이상적이다. 정부가 나설 필요가 없으니까'. 세무업계와 플랫폼 기업과의 분쟁 역시 정부도 그리고 법도 아닌 이용자에 의해 결판내는 게 가장 이상적일 것이다.

나는 옳고 너는 틀리다?
(축산물 유통 스타트업 '정육각'의 허위·과대 광고 논란)

국내 축산업계는 상당히 보수적이며 여러 유통 단계가 관행처럼 카르텔 (Cartel)화[15] 되어 있다. 외부에서 보면 다소 거칠고 신규 사업자가 함부로 진입하기도 힘든 산업이 축산업이다. 특히나 소비자 입장에서는 여러 유통 단계를 거치면서 상승하는 육류 가격이 불합리하다는 생각은 들지만 어쩔 수 없이 지급해야 하는 가격이라 여기고 그동안 특별한 변화를 꾀하지 않았다.

정치권이나 정부 역시 축산업만이 가지고 있는 산업 특성상 함부로 규제하거나 변화를 위해 노력하지 않은 점도 분명히 있다. 하지만 무엇이든 오랫동안 고착화되고 관행처럼 굳어지면 썩어가기 마련이다. 이를 하나둘씩 고쳐나가려 한다면 시간도 오래 걸리고 저항도 만만치가 않은 것은 당연하다.

일반적으로 사람들은 육류를 구입할 때 온라인으로 구입하지 않는다. 대부

---

15) 동일 업종의 기업이 경쟁을 피하여 이익을 확보하기 위해 가격·생산량·판로 등에 대해 협정을 맺는 것으로 형성되는 독점 형태를 말한다.

분 단골 정육점을 가거나 대형 마트 정육 코너에서 직접 눈으로 확인 후 구입했다. 하지만 '정육각'이라는 스타트업 기업은 이러한 일반인들의 인식을 바꾸어 놓았다.

〈 축산물 유통 스타트업 '정육각' 〉

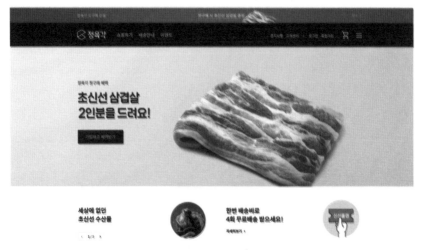

출처: 정육각 웹사이트 www.jeongyookgak.com

실제로 정육각에서 육류를 구입한 소비자들은 대부분 질 좋고 맛있는 고기를 공급받았다고 좋아하며 긍정적인 후기를 통해 또 다른 소비자들을 급속도로 불러 모았다. 소비자의 입소문이 퍼지며 정육각은 창업 3년 만에 매출액이 1,500억 원에 이를 정도로 급성장했다. 사실상 오프라인에 주로 머물던 육류 유통을 온라인으로도 끌어올린 것이다.

스타트업이 플랫폼을 기반으로 AI나 각종 최신 IT기술을 활용하여 해당 산업을 효율화, 투명화 시킬 수만 있다면 정부와 일반 국민은 충분히 환영할 것이다. 하지만 단순히 매출을 증가시키고 사업을 확대하기 위해 정확히 확인도 되지 않은 사실을 바탕으로 기존 업계를 비방하고 비하하는 것은 용인될 수 없는 일이며 스타트업이 본질적으로 해서는 안 되는 행동이다.

소비자들도 이미 문제점이라고 충분히 인식하고 있는 부분을 마케팅 포인트를 설정하여 효율적인 마케팅을 하는 것은 합리적이고 납득 가능한 일이다. 그러나 확인도 제대로 되지 않은 사실을 근간으로 '나는 옳고 너는 틀리다'라는 식의 마케팅은 결코 누구에게도 환영받지 못할 것이다.

지난해 4월, 정육각은 자사 SNS를 통해 '시중 삼겹살 기름 비교 광고로 소비자와 업계 관계자에게 불쾌감을 드려 사과한다'는 사과문을 공개했다.

해당 광고는 일반 삼겹살 업체와 정육각의 삼겹살 기름 색깔을 비교하는 영상을 통해 기름 색깔이 비교적 깨끗한 정육각 고기의 신선함을 어필했다. 그런데 기름의 색깔은 고기를 굽는 상황에 따라 충분히 달라질 수 있기 때문에 과학적 근거가 없다는 지적이 나왔다. 또한 정육각의 신선함을 부각시키면서 타 정육의 품질을 절하시켰다는 비난이 일자 정육각이 사과문을 게시한 것이다.

남을 비방하여 나를 돋보이게 하는 방법은 긍정적인 결과를 얻기 힘든 마케팅 기술이다. 사업을 시작한 지 얼마 되지 않은 스타트업들이 더티 마케팅 (Dirty Marketing)을 통해 회사를 홍보하거나 사업을 확장하는 것은 그리 바람직하지 않다. 더군다나 사실 확인도 제대로 하지 않고 '아니면 그만이지' 식의 흠집 내기는 해당 업계와 소비자 모두에게 반감만 불러일으킬 것이다.

퀵커머스는 골목상권과 상생할 수 있을까?

배달앱과 관련되어 파생된 여러 이슈들은 디지털 스타트업의 부정적인 면을 강조하는 가장 큰 부분을 차지했다. 음식 값 상승이나 배달앱 수수료 문제, 배달 라이더 문제, 플랫폼 노동자 문제 등 과거에는 생각지도 못한 문제들이 수면 위로 떠오르면서 결국에는 "편리함에 공짜는 없다."라는 어찌 보면 당연한 이치를 우리 모두에게 다시 한번 상기시켜주었다.

특히 극대화된 편리함 추구는 배송 및 배달 관련 사업을 비약적으로 발달시켰다. 처음에는 일반적인 택배 배송, 음식 배달에 국한되었던 배달 서비스는 점차 새벽배송, 당일배송을 뛰어넘어 퀵커머스라는 새로운 형태로 진화되었다. 이제는 15~120분을 기준으로 삼는 퀵커머스만으로도 모자라 10분 내 배송 서비스까지 제공되고 있다. 퀵커머스란 빠른(Quick)과 상거래

(Commerce)의 합성어로, 주문받은 상품을 빠르게 배송하는 것을 말한다. 주로 식품에 활용되던 퀵커머스는 화장품 등 생활용품에도 적용되어 소비자 편의성을 높이고 있다.

극단적인 편리함을 추구하는 퀵커머스 사업은 유통·물류산업의 새로운 시장으로 부상하며 스타트업부터 대기업까지 모두 활발하게 사업에 뛰어들고 있다. 퀵커머스 사업은 기본적으로 기존의 배달앱 문제가 가지고 있던 여러 사회 문제들을 그대로 흡수할 수밖에 없다. 이는 결과적으로 골목상권의 완전한 붕괴로 이어지리라고 예상하는 사람도 많다.

만약 퀵커머스가 활성화된다면 소상공인들 입장에서는 더 이상 설 자리가 없어진다. 기존에도 대기업의 물량 및 물류 정책, 즉 어마어마한 편의점 수와 체계적인 물류 시스템으로 피해를 입어왔는데, 여기에 퀵커머스까지 더해지면 동네 슈퍼는 조만간 동화 속에나 나오는 이야기가 될 수밖에 없다.

만약 퀵커머스 산업이 태동하던 사업 초기부터 지역 소상공인과 상생할 수 있는 방안을 고려했다면 분위기가 완전히 달라졌을 것이다. 여러 차례의 논의를 통해 보다 따뜻한 혁신 및 상생 모델이 등장했을 터이고, 그간 플랫폼의 확장으로 피해받고 외면당하던 소상공인 또한 플랫폼의 당당한 한 축이 되어 서비스의 확산을 도왔을 것이다.

〈 국내 주요 퀵커머스 현황 〉

플랫폼	GS리테일	쿠팡	배달의 민족	롯데온	카카오 커머스
서비스명	우리동네 딜리버리	쿠팡이츠 마트	B마트	한시간배송	톡딜 프레시
서비스 지역	전국	서울 일부	서울 전역, 인천, 경기, 대전 일부	서울, 경기, 인천 일부	서울 강남구, 송파구, 서초구
배달 비용	건당 3,000원	건당 2,000원	건당 3,000원/ 3만 원 이상 무료	2만 원 이상 2,500원/ 2만 원 미만 4,000원	건당 2,900원
배송 시간	30~50분	10~15분	30~40분	1시간 이내	2시간 이내

출처: 각사별 취합 및 넥스트이코노미[16], 한국일보[17]

　스타트업과 대기업의 진출이 활발한 퀵커머스와의 상생 모델을 들여다보면 우선 독일의 고릴라스나 미국의 인스타카트가 좋은 예가 될 수 있을 것이다. 이들은 지역의 중소기업이나 소상공인이라고 할 수 있는 동네 슈퍼마켓이나 베이커리 식육점 등에서 식자재나 상품 등을 공급받아 배달하고 있으며, 이를 기반으로 지역별 중소 유통 시장의 협력적 생태계를 구축하고 있다.

　국내에서도 GS와 메쉬코리아 등이 지역 내 전통시장 및 마트 등으로부터 식자재와 상품을 공급받아 배송하는 사업을 운영하며 지역 내 소상공인과의 상생을 추구하고 있다.

---

16) 넥스트이코노미 : 유통업계 새로운 격전지 '퀵커머스' 2022. 9. 5,
17) 한국일보 : [단독] "퀵커머스도 골목상권 죽인다" 정부, 영향분석 착수 2021. 10. 19

혁신은 낡은 것은 모두 버려야 한다는 극단적인 개념이 아니다. 제대로 된 혁신을 추구하려면 유구한 전통과 고루한 구습을 구별해내는 안목도 필요하다. 기본적으로 낡은 것은 버리고 새것은 받아들이되 낡은 것의 가치도 다시 생각하고 새것의 폐단도 고려하여 사업을 시작하였으면 하는 바람이다.

스타트업은 양질의 일자리를 창출하고 있는가?

국내외를 막론하고 창업과 스타트업 열풍이 불면서 각종 미디어를 통해 스타트업을 '차세대 경제의 대안'이나 '혁신의 상징' 등으로 보는 경향이 강하다. 창업자에 대한 사회 분위기 역시 차세대 리더에서 영앤리치(Young and rich : 스타트업 등으로 자수성가한 젊은 부자)의 아이콘으로까지 미화되며 드라마나 영화에 소재로까지 쓰이고 있다.

중앙 및 지방 정부에서는 일자리 창출 및 침체된 경제의 대안으로서 스타트업 육성을 위해 매년 각종 지원금을 쏟아내고 있으며 다국적 투자자들 역시 유니콘의 가능성이 있는 스타트업들에게는 천문학적인 투자금을 아낌없이 지원하고 있다. 충분한 투자금을 받은 플랫폼 스타트업의 경우 흔히 말하는 캐시버닝과 같은 전략을 통해 시장을 장악하려 시도한다. 하지만 이런 방법이 뜻대로 되지 않은 스타트업들은 결국 하나둘씩 무너져가고 있으며 투자금도 점점 메말라가는 중이다.

스타트업의 실패는 어찌 보면 너무나 당연한 일이다. 극소수의 성공하는 스타트업이 나오면 다수의 실패하는 스타트업이 나오는 게 당연한 이치다. 하지만 실패한 스타트업에서 일했던 노동자들에 대한 이야기는 그 어디에도 없다.

기본적으로 스타트업이 제공하는 일자리는 양질의 일자리라고 할 수가 없다. 꿈만으로 가능성에 도전하고 그중 일부만 성공하는 스타트업 특성상 한 기업이 유니콘이 되었다고 해도 소위 말하는 대박은 모든 위험을 감수한 창업자들에게 돌아갈 뿐이다.

스타트업에서 일하다가 자의반 타의반으로 퇴직한 노동자들의 경우 안정적인 일자리라 할 수 있는 대기업이나 공기업에 입사하기가 상당히 힘들다. 우리나라와 같이 노동 시장이 경직되고 획일화된 곳에서는 스타트업 인재를 반기지 않는다. 그곳에서 무엇을 했든 그 경력 그대로 인정을 해주는 회사는 없을 것이다. 말이 좋아 도전 정신이 있는 스타트업이지, 시스템이나 체계적인 교육을 받을 수 있는 스타트업은 극히 드물다. 대기업이나 공기업 대부분은 노동자를 시스템의 일부로 받아들이기 때문에, 시스템이 갖추어져 있는 곳에서 체계적으로 교육받은 노동자를 선호한다.

결국 스타트업이 양산한 불안전한 일자리에서 퇴직한 노동자들은 다시 비슷한 수준의 스타트업이나 학벌·나이 등과 같은 제한으로부터 비교적 자유로운 공무원이나 공공기관 밖에는 취업할 곳이 없다. 비슷한 수준의 스타트업으로 이직한 경우에도 또다시 회사가 폐업한다면 이직해야 할 것이고 결국 잦은 이직과 스타트업에서의 전문성 없는 업무 경험으로 인해 그들의 이력서는 사실상 취업 시장에서 경쟁력을 상실한다.

언론에서는 스타트업이 만든 일자리가 대기업이 만든 일자리보다 많다고 긍정적인 시선으로 바라보곤 한다. 그러나 일자리의 수만큼 중요한 것이 질이다. 상식적으로 본인들의 가족이 스타트업에서 첫 사회 경험을 시작한다고 하면 올바른 결정이라고 칭찬해줄 사람은 거의 없을 것이다. 스타트업이 제공하는 일자리는 임시적이고 한정적이며 전문성이 떨어지기 때문이다. 앞날이 불안하고 미래에 대한 계획을 할 수 없는 일자리가 어떻게 양질의 일자리고 장려되어야 하는 일자리인지 반문하고 싶다.

국내 스타트업 업계는 매년 최대 창업과 더불어 최대 폐업이 동시에 일어나고 있는 상황이다. 스타트업이 만드는 불안전한 일자리를 무조건적으로 환영하고 젊은이들의 취업을 장려하는 것이 과연 옳은 일인가? 취업률에 민감한 정부 입장에서야 양질의 일자리를 만드는 대기업이나 공기업에서 채용을 줄이는 마당에 스타트업을 통해 생기는 작은 일자리라도 감지덕지일 것이다. 스타트업 종사자 수를 십시일반 모아 채용률을 끌어올리며 본인들의 일자리 정책이 효과가 있다고 선전하겠지만 과연 성공한 일자리 정책이라고 할 수 있을지 의문이다.

스타트업은 초기의 창업 멤버나 창업 멤버에 준하는 수준의 직원이 아닌 이상 회사가 성공해도 본인이 받아갈 수 있는 보상은 크지 않다. 직장인에게는 금전적 보상이 아닌 이상 그 어떠한 보상이나 칭찬도 단지 공염불에 불과하다. 가끔 언론에서 나오는 스톡옵션 대박 스토리를 듣고 스타트업에 대한 환상을 가져서는 안 된다.

창업과 스타트업 열풍은 국내나 해외나 주로 대도시를 중심으로 붐을 이루는 것이 특징이다. 양질의 일자리가 점점 줄어드는 것도 문제지만, 국가 전체적으로 보았을 때 양극화와 도시 집중 현상을 심화한다는 것도 생각해봐야 할 문제다. 어떻게 보면 스타트업 열풍은 우수한 인재를 사회적 문제 해결에 집중하게 만들기보다는 지극히 개인적인 성공에 만족하도록 만들어, 우리 사회가 보다 발전할 수 있는 기회를 잃게 한다고도 할 수 있다.

플랫폼 경제와 공공의 역할

Chapter 3

플랫폼 시대,
공공기관을 말하다

01

공공기관에 대한
이해

플랫폼 경제에서의 공공기관의 역할

코로나19와 같은 재난만이 국가적인 위급 상황이 아니다. 급변하는 경제 환경은 눈에 바로 보이지는 않지만 그 무엇보다 위급하며 빠른 대처가 필요하다. 플랫폼 경제가 그랬고 가상화폐도 그랬다.

규제와 통제가 필요한 것은 누구나 알지만 누구 하나 선뜻 나서기 어려운 분위기이다. 잘못 나서면 아무것도 모르는 관료들이 4차 산업 생태계를 망가트린다고 비난 받기 십상이기 때문이다. 결국 테라·루나 코인 사태와 같은 큰 부작용이 나타난 후에야 참여할 수밖에 없는 것이 현실이다.

그러나 공공의 뒤처지는 사후약방문 처리식의 대응은 고스란히 우리 국민들에게 실질적인 피해로 돌아오고 있다. 플랫폼에 의해 여러 산업 생태계가 빠르게 잠식당할 것이 뻔히 보인다면 적절한 규제를 통해 관리하는 것이 상식적인 해결책이다. 그런데 관료들이 탁상공론과 책임 떠넘기기를 하는 동안 결정이 지연되어 플랫폼 기업들이 시장을 잠식하고 여러 사회적 문제를 만들어낸다면 그 다음의 책임은 과연 누가 질 것인가?

사안이 급하다면 공공에서 규제를 하든 직접적인 시장 참여를 하든 어떻게든 대안을 제시하고 길을 마련하는 게 공공의 역할이다.

코로나19와 같은 재난 상황에 배민이나 쿠팡 등은 오히려 코로나 특수를 통해 막대한 수익을 거두었다. 이 피해는 우리의 이웃인 소상공인과 소비자인 우리 자신에게 다양한 방면으로 고스란히 돌아오고 있다.

플랫폼 기업들이 기술 개발과 더불어 사회적 가치에 대해 충분히 숙고했다면 굳이 공공에서 규제를 만든다든지 직접적인 시장 진입을 통해 통제하려는 시도가 불필요할 것이다. 그러나 지금의 플랫폼 기업들은 아직 이 부분에 대해 인문학적, 사회적 통찰이 부족하다. 더불어 스타트업들이 이윤을 극대화하려는 목표에만 천착하다 보니 어떻게든 법망을 피하는 방법만을 갈고닦는 실정이다. 특히, 규제가 완성되려면 시간이 오래 걸리고 이로 인해 소요되는 공백기가 있는데, 이 시기에 '치고 빠지기' 식의 행위를 거듭하며 규제를 무력화하려는 스타트업이 늘어나면서 4차 산업에 대한 불신과 이로 인한 규제의 목소리는 점점 커질 수밖에 없다.

플랫폼 경제에 대한 문제는 세계 각국에서 규제의 수준 차이만 있을 뿐 다들 심각하게 생각한다. 각국 정부는 플랫폼기업이 기존 시장을 잠식하고 독과점 체제를 공고히 다질 수 없도록 나름대로의 규제나 법률을 정비해두거나, 업계의 자율 규제에 맡기며 감시한다. 이런 방식은 나라마다 차이가 있으며, 한 나라의 정책을 모든 나라에 천편일률적으로 적용할 수는 없다.

사업자 입장에서야 미국식으로 하건 유럽식으로 하건 규제란 규제는 모두

싫다 할 것이 당연하다. 규제 샌드박스[18]를 확대하건 네거티브 규제[19]를 하건, 우리나라는 아직 갈 길이 멀다면서 자신들이 하는 사업에 있어서는 사실상 무규제를 주장할 것이다.

이는 전통적 대기업들의 모습과 별반 다를 게 없다. 대기업들은 사상 최대의 이익을 내고 여유자금이 넘쳐나는 상황에서도 자신들은 글로벌 시장 상황 및 여러 경쟁자들의 추격 때문에 항상 위기라는 핑계로 시도 때도 없이 비상경영 체제를 선언하며 정부로부터 각종 규제 철폐와 혜택을 요구한다. 패기와 도전정신, 혁신으로 무장한 '젊은 스타트업'마저 대기업의 극한 이기주의를 그대로 답습하는 모습은 씁쓸함을 남긴다.

디지털 기술은 인간에게 편리함을 안겨주었다. 기술이 세상에 첫선을 보였을 때는 모두에게 유용한 변화라고 생각했다. 기술을 탄생시킨 플랫폼 기업에 권력과 독점, 부를 주기 위함은 아니었다. 하지만 디지털 기술이 한없이 정교해지고 영향력이 높아지는 가운데 힘이 축적되며 좋든 싫든 플랫폼 기업에는 수익이 쌓여갔다.

앞으로 더 편리하고 유용한 기술로 세상은 변할 것이다. 기술을 세상에 선보인 기업은 물론, 이용자, 정부 등은 '기술의 윤리적 가치'에 대해 고민해보아야 한다. 현재와 같이 관련 업계의 자발적인 자율 규제가 점점 어려워진다면 결국엔 정부의 일률적인 규제가 가해질 수밖에 없을 것이다.

---

18) 사업자가 신기술을 활용한 새로운 제품과 서비스를 일정 조건(기간·장소·규모 제한)하에서 시장에 우선 출시해 시험·검증할 수 있도록 현행 규제의 전부나 일부를 적용하지 않는 것을 말하며 그 과정에서 수집된 데이터를 토대로 합리적으로 규제를 개선하는 제도를 뜻한다.
19) 법률로 금지된 것이 아니면 모두 허용하는 규제를 말한다.

플랫폼 경제와 공공의 역할

공공기관은 4차 산업혁명과
디지털 경제를 받아들일 준비가 되어 있는가?

대한민국의 공공기관은 기획재정부가 관리하는 중앙정부 산하 공공기관 350개, 행정안전부가 관리하는 지방정부 산하 공공기관 1,255개를 합해 총 1,605개(2022년 3월 기준)가 존재한다.

공기업, 준정부기관, 출자/출연기관, 공사, 공단 등 공공의 가치를 실현하기 위해 여러 공공기관이 중앙 및 지방정부 산하조직으로 있으며, 대부분이 3차산업 시대의 조직 구조와 시스템을 갖고 있다.

〈2022년 3월 기준 전국 공공기관〉

지정처	분류	수
기획재정부	공기업	36
	준정부기관	94
	기타 공공기관	220
	소계	350
행정안전부	지방공기업	412
	지방출자출연기관	843
	소계	1,255
총계		1,605

출처: ALIO 공공기관 경영정보 공개시스템, CLEANEYE 지방공기업통합공시

4차 산업혁명이 본격적으로 시작된 2010년대 중반부터 우리나라는 4차 산업혁명 선도를 국가적 주요 과제로 삼고 사회 전분야에 대한 변화와 혁신을 추구하고 있다. 공공기관 역시 디지털 트랜스포메이션(Digital Transformation)[20]이나 스마트워크(Smartwork)[21]시스템 등을 도입해 하드웨어적인 변화와 혁신을 추진했다. 그러나 소프트웨어적인 변화에 있어서는 아직까지 이렇다 할 움직임이 보이지 않는다. 우리 공공기관들이 4차 산업혁명 시대에 가장 중요한 개념으로 손꼽히는 탈중앙화, 분권화, 유연함, 개방성 등을 어느 정도 선까지 받아들일 수 있을지도 미지수다.

변화하는 4차 산업혁명 시대에 기존의 공공기관들을 통해서는 공공의 가치를 발 빠르게 실행하기가 매우 어렵다. 경직된 조직 구조, 수직적 체계, 뿌리 깊은 관료화, 변화보다는 안정을 추구하는 구성원들의 경향으로 인해 애초에 4차 산업혁명 시대의 사회적 가치를 빠르게 추구하기에 불가능한 조직 체계이다.

4차 산업혁명 시대의 대안 경제로 스타업들이 각광받고 있듯이 우리의 공공기관 역시 이런 스타트업과 함께 일하고 실행할 수 있는 별도의 기관이나 조직을 만들어야 한다. 뻔한 탁상공론 보다는 실패하더라도 빠르게 실행하면서 환경에 맞게 정책들을 변모시키고 개선시킬 수 있는 린 스타트업(lean startup)[22]과 같은 공공기관이 중앙 및 지방정부 곳곳에 있어야 한다.

---

20) 새로운 가치를 창출하고 제공하기 위해 디지털 기술을 적용하여 업무 수행의 방법과 이유를 재창조하는 프로세스를 말한다.
21) ICT(정보통신기술)를 이용하여 시간과 장소의 제약 없이 업무를 보는 방식을 뜻한다.
22) 미국 실리콘밸리의 기업가 에릭 리스가 도요타 자동차의 린 제조방식에서 착안한 방법으로, 사업 아이디어를 시제품으로 만들어 시장의 반응을 살피고 그것을 반영해 제품을 개선하는 것을 말한다.

공공기관과 같이 이미 관료화된 전통적 대기업들의 경우 사내 벤처나 오픈 이노베이션, 스타트업과의 협업 등을 통해 경직된 조직을 스타트업과 같이 유연하고 빠르게 반응할 수 있도록 여러 방법을 모색하고 있으며 이를 통해 유의미한 성과를 거두고 있다.

현대차그룹은 자율주행 기술 스타트업 '포티투닷'을 인수 후 소프트웨어 개발을 위한 핵심 조직으로 육성하기 위해 본부에 있는 소프트웨어 개발 인력 50~60명을 '포티투닷'으로 통합하였다. 스타트업의 혁신적이고 개방적인 조직 문화를 그대로 살려 개발 역량을 극대화하기 위해 '포티투닷' 인력을 현대차로 흡수하지 않고 반대로 기존 현대차 인력을 포티투닷에 보내는 파격적인 결단을 내린 것이다.

미국의 대표적인 100년 기업인 제너럴일렉트릭(GE) 경우 스타트업의 사업 방식인 '린스타트업'의 방법론을 활용하여 '패스트웍스(FastWorks)[23]'라 불리는 프로세스를 통해 고객의 니즈에 따라 최소한의 제품을 만들고 빠르게 개선을 반복하는 업무방식을 선택했다. 이러한 사내 벤처 창업을 통해 직원들의 생산성 향상 및 직무 만족도 증가, 고객 만족등의 효과를 높이고 있다. 세계적인 식음료 기업인 코카콜라도 사내 아이디어 경연대회를 개최하거나 회사 내부 이슈의 개선을 위해 외부 벤처기업에 대한 투자를 진행하고 있다.

우리의 공공기관도 하루빨리 조직 구조의 변화와 일하는 방식의 혁신을 통해 4차 산업혁명과 디지털 경제를 효과적으로 받아들일 수 있도록 생각의 전환이 필요한 시점이다.

---

23) 패스트웍스는 제품 안전과 품질을 유지하면서 절차를 간소화해 속도를 획기적으로 줄이는 혁신 경영 기법을 말한다.

공공기관, 변화의 돌파구가 필요하다

공공기관의 특성상 한 번 업무가 배정되면 사실상 장기간에 걸쳐 동일 업무를 담당하는 경우가 대다수다. 공무원에 준하는 직업 안정성, 중견기업 이상의 연봉 및 복지, 그리고 적당한 업무량 등의 장점으로 인해 공공기관 입사 경쟁률은 매년 최고치를 기록한다.

흔히들 말하는 '신의 직장'이라 불리는 공공기관은 우리의 일상 곳곳에 생각보다 많이 존재한다. 그러나 민간 기업들과 같이 회사를 적극적으로 홍보하거나 대외활동을 하지 않고 있어 일반 국민들은 기관의 존재 자체를 알지 못하는 경우가 대부분이다.

일반적으로 공공기관 구성원은 적정한 연봉과 압박감이 덜한 기업 문화, 직업 안정성 추구를 위해 취업을 선택한 경우가 대다수다 보니 혁신이라든지 새로운 도전에 대한 갈망이 그리 크지 않다. 이와 같이 근무 동기가 혁신이나 도전보다는 안정성이 대부분인 구성원들을 대상으로 길어봐야 임기가 3년뿐인 공공기관장이 정권 및 본인의 치적을 위해 아무리 의욕적으로 사업을 추진한다고 해도 공공기관 구성원들에게 동기부여 하기가 어렵다.

더군다나 해당 정권이 끝난 후 관례적으로 행해지는 각종 감사와 조직 개편, 그리고 심한 경우에는 검찰과 경찰의 수사까지도 받을 수 있는 상황에서 책임만 크고 보상은 미미한 사업은 당연히 기피할 수밖에 없다. 아직도 많은 공공기관들은 국가에 대한 헌신과 사명감, 봉사정신, 사회적 가치 추구 등을 강조하며 구성원들의 인식 개선 및 국가와 사회에 대한 애국심을 고취하려 하지만 일선 현장에서의 반응은 그리 효과적이지 못하다.

많은 공공기관들이 새로운 정권이 들어올 때마다 통폐합되거나 새로 생긴다. 공공기관의 특성상 구성원들의 생존권이라 할 수 있는 일자리는 보장되는 게 대부분이지만, 사업의 축소를 비롯하여 기존에 의욕적으로 추진하던 사업들이 새로운 정권에 의해 일몰하거나 축소되는 경우가 많다. 그러다 보니 공공기관 대부분이 중장기적 정책보다는 단기적 성과에 치중하는 미시적 정책 수행에 초점이 맞추어져 있다.

이제 우리 공공기관에도 변화의 바람이 불어야 한다. 민간의 스타트업처럼 실패를 두려워하지 않고 빠르게 실행할 수 있는 능동적인 조직이 필요하다. 사회 및 경제 환경이 우리가 예측할 수 없을 정도로 빠른 속도로 변화하고 있는데 공공기관은 아직도 과거의 관습이나 시스템에 얽매여 현실과는 동떨어진 방식으로 운영되고 있다.

앞으로의 공공기관은 중앙 및 지방정부의 정책 사업을 수행하는 데 단순 하청업체와 같은 역할에서 벗어나 정부가 능동적으로 대처할 수 없는 영역에 대해 민간의 효율성과 공공의 공익성을 극대화하는 하이브리드형으로 공공기관으로 변모해야 한다.

공공의 시장 개입, 긍정적일까 부정적일까?

공공의 민간 시장 진출은 이미 오래전부터 여러 분야에 걸쳐 다양하게 진행되어 왔다. 국민체육진흥공단의 골프장과 호텔, 한국관광공사 자회사인 GKL의 카지노, 한국문화진흥의 골프장, 한국석유공사, 한국도로공사, 농업협동조합의 알뜰주유소, 중소기업유통센터의 행복한백화점 등이 그것이다. 적자 경영으로 인해 세금 낭비라는 지적을 받는 곳도 있고 반대로 우월적 지위를 이용해 생긴 수익으로 인해 민간 기업으로부터 불공정하다는 지적을 받는 곳도 상당수 있다.

〈공공의 민간시장 진출 사례〉

주무부처	공공기관	운영사업
문화체육관광부	국민체육진흥공단	골프장, 호텔
	한국관광공사	카지노
	한국문화진흥	골프장
산업통상자원부, 국토교통부, 기획재정부	한국석유공사, 한국도로공사, 농업협동조합	주유소
중소기업벤처부	중소기업유통센터	백화점
	공영홈쇼핑	홈쇼핑
국토교통부	코레일	편의점, 자판기
과학기술정보통신부	우정사업본부	택배, 쇼핑, 금융

출처: 각 부처 및 공공기관 홈페이지

　이러한 현상은 4차 산업혁명의 주요 분야인 플랫폼 부분에서도 발생하고 있다. 플랫폼 기업의 독과점과 불공정거래에 관한 문제가 주요 사회 문제로 부각되면서 정부의 역할, 시장 개입을 어디까지로 보아야 하는지에 대한 의견이 분분하다.

　몇 해 전 경제, 경영, 정치학계 전문가들이 모여 '정부인가? 시장인가'라는 주제로 토론회를 벌인 적이 있다. 당시 참석자들은 입을 모아 "정부가 시장을 통제할 수 있다는 생각, 규제를 풀면 시장이 무질서해질 것이라는 인식을 버려야 한다."라고 꼬집었다.

　정부의 개입으로 은행 등 금융권에 대한 장악력이 커지고 공기업 통제 강도가 높아졌다는 비판이 이어졌고, 정부가 시장을 해결하고 이끌어갈 수 있다는 생각은 버려야 한다는 지적이 대두되었다.

시장의 균형이 깨지면 정부가 개입하는 것은 당연하다. 하지만 정부의 개입이 시장에 더 큰 타격을 줄 수 있음을 잊지 말아야 한다.

최광 미래한국 편집고문이자 성균관대 석좌교수는 '큰 정부일수록 크게 실패한다'는 칼럼을 통해 "현실의 경제에서는 각종의 시장 실패 현상이 동시에 존재하기 때문에 부분적인 정부 개입은 경제 상황에 따라서 오히려 효율적인 자원 배분을 저해할 수 있다. 또한 공공부문에서는 민간부문에서와 같은 효용극대화나 이윤극대화 등의 동기부여가 전혀 없거나 충분하지 못하므로, 관료집단에 의한 민간부문 경제활동에의 개입은 각종의 폐단을 초래하여 문제를 더 악화시킬 수도 있다."라고 밝혔다.[24]

공공이 민간 시장에 직접 참여한 대표적 사례로는 한국석유공사, 한국도로공사, 농업협동조합이 운영하는 알뜰주유소가 있다. 2011년 12월 1호점 개점을 시작으로 2021년 12월 말 기준 1,266개소를 운영 중이다. 공공은 알뜰주유소를 통해 실제 주변 민간 주유소의 가격을 낮추고 정유사들의 담합을 견제하여 기름 값 인상을 억제하는 데 효과가 있었다고 주장한다.

그러나 이와 상반되는 의견도 있다. 공공의 책무는 민간주유소의 주유 품질이나 정유사끼리의 담합 단속이지, 직접 사업에 뛰어는 것은 적절치 않다는 주장이 그것이다. 문제는 공공에서 적극적인 감시와 제재를 하고 있음에도 불구하고 담합이 끊이지 않고 발생한다는 사실이다. 공공이 알뜰주유소와 같은 대안제를 통해 시장에 직접 참여하게 된 것은 일차적으로 민간 기업들의 잘못된 행태 때문이다.

---

24) 미래한국 : 큰 정부일수록 크게 실패한다 2019. 1. 18

——— 플랫폼 경제와 공공의 역할

한국조세재정연구원에서 발행한 '공공기관의 시장참여 기능 분석'(박진, 허경선, 조성봉) 연구를 보면 "많은 공공기관이 시장에 참여하여 수입을 얻고 있다. 자체 수입 비중이 높은 공기업은 물론이고, 준정부기관도 마찬가지이다. 이러한 공공기관의 시장 참여는 나름의 공익성을 인정받을 수 있는 경우도 많다. 그러나 공공기관의 시장 참여는 민간의 사업 기회를 제한할 뿐더러 경쟁을 약화시켜 서비스의 질을 저하시킬 우려가 있다. 나아가 공공기관의 비효율적인 비용 구조, 과도한 투자 등으로 인한 낭비도 문제가 된다."라고 지적한다.

이러한 우려 속에서도 공공기관의 시장 참여는 이어져야 할까? 공공기관은 수익 창출보다 국민을 위한 혜택, 서비스에 포커스를 맞추기 때문에 긍정적인 결과를 얻을 수 있는 가능성이 높다. 또한 수익이 나지 않더라도 국민을 위한 서비스라면 충분히 투자 가치가 있다고 판단하고 사업 모델을 구축할 수도 있다.

플랫폼 분야에서도 공공기관의 시장 참여나 규제 발동 등에 대해 부정적인 시선이 있지만 수익성 극대화보다는 국민 편익 증진에 무게가 실리는 만큼 공공기관의 장점을 최대한 활용해 공공기관의 순기능을 확대할 필요가 있다.

02

디지털 세상에 등장한 공공기관

플랫폼 경제에서 공공기관의 참여 범위

메타의 마크 저커버그 CEO는 2008년 6월 이메일에 "경쟁하는 것보다 사는 것이 더 낫다."라고 언급했다. 우리나라의 대표적 유니콘인 배달의 민족 역시 시장 경쟁이 아닌 요기요와 배달통 인수를 통해 시장을 사실상 독점하며 사업을 진행했다. 문제는 이에 따라 소비자의 선택권과 사생활 보호에 대한 접근권도 동시에 제한된다는 점이다.

플랫폼 사업은 그 특성상 독점을 야기하는 승자독식의 형태일 수밖에 없다. 적절한 규제와 시장 통제 없이는 결국 피해가 고스란히 국민에게 돌아갈 수밖에 없다.

그렇다고 규제만으로 모든 것을 해결할 수는 없다. 규제를 만드는 동시에 공공에서도 빠르게 실행할 수 있는 것은 최대한 실행해야 한다.

공공기관이 시장에 참여해 민간이 가져가야 할 파이를 빼앗고 있다는 반대의 논리도 있다. 그러나 공공의 목적은 파이 빼앗기나 수익 극대화가 아니다.

공공은 애초에 사회적 가치 추구나 사회적 안전망 구축 차원에서 참여하면 된다.

공공이 플랫폼 경제에 직접 참여하여 운영하는 대표적 사례로 언급되는 것이 바로 공공 배달앱이다. 공공 배달앱 경우 현재 여러 지자체에서 각 지역 사정에 맞게 다양한 방법으로 운영하고 있지만 사실상 일부 앱을 제외하면 프로모션은 고사하고 유지·보수에도 어려움이 있어 사업을 접은 경우도 상당수다. 하지만 민간 기업들은 이겼다고 자만할 게 아니라, 공공에서 굳이 세금을 투입하여 공공 배달앱까지 만든 배경에 대해서 심각하게 생각해야 한다. 애초에 공공 배달앱이 등장한 건 플랫폼 기업들이 사회적 가치를 무시한 채 무리하게 서비스를 확장하며 생긴 여러 사회적 문제를 완화하기 위해서였다. 물론 공공앱만으로는 이 문제들을 모두 해소할 수 없다, 공공앱은 사회에, 그리고 민간 기업에 자정이 필요하다는 메시지를 던지는 역할을 담당할 뿐이다. 근본적인 해결을 위해서는 문제를 발생시킨 민간 기업의 적극적인 노력이 필요하다.

공공이 민간 시장에 참여할 때는 민간 기업의 성장을 방해하는 것이 아니라 독과점이나 불공정 행위를 통해 사회적 가치를 무시한 채 성장에만 몰두하며 공동체의 가치를 훼손하는 일이 없도록 하는 최소한의 견제자 또는 대안제로만 사업을 운영해야 한다.

민간 분야에 공공이 세금을 투입하여 참여해 민간의 사업 기회를 빼앗는 것이 아니라, 공공도 민간의 대안제 역할을 충분히 할 수 있다는 것을 알리는 것이다. 공공의 역할은 민간 기업들이 부문별하게 독과점이나 불공정 행위를 하지 못하도록 일종의 견제를 하는 정도면 충분하다. 공공이 민간 시장을 주도하는 상태는 바람직하지 못하다. 공공은 민간 시장에서 소홀히 여기는 부분에 대한 대안제로서만 역할을 하는데 초점을 맞추어야 한다.

애초에 공공기관이 민간 기업과 민간 시장에서 경쟁 상대가 되지 않는 건 민간 기업이 더욱더 잘 알고 있다. 하지만 이런 선례가 반복되면 본인들의 사업 확장에 큰 부담이 될 수 있기에 무조건적으로 반대하는 것이다.

플랫폼 규제와 관련한 방향이 정부 주도의 일률적 규제에서 민간 주도의 자율적 규제 방향으로 선회 하였다. 규제가 정부 주도의 일률적 규제냐 아니면 민간 주도의 자율적 규제냐는 시대적 상황에 따라 언제든지 바뀔 수 있을 정도로 유동적이다. 시장의 대표적 불공정 행위라 할 수 있는 독과점과 불공정 행위가 근절되지 않는 한 규제의 방향은 결국 기업들 스스로에게 독이 되는 방향으로 또다시 선회할 것이다.

플랫폼 경제와 공공의 역할

플랫폼 경제에 적합한 공공기관의 자세

　4차 산업에 대한 윤리적인 이슈가 계속적으로 부각되고 있다. 인간에 대한 이해 및 우리 사회에 대한 깊숙한 이해 없이 기술 중심적으로 사회가 발전하다 보니 윤리적, 사회적 이슈가 끊이지 않는다.

　사회제도나 공공기관은 4차 산업이 초래하는 여러 사회적 파장에 능동적으로 대응할 수 없다. 새로운 법안, 규칙 등을 만들려면 정부와 공공기관 특유의 더딘 의사 결정 과정을 거치며 오랜 시간이 소요될 수밖에 없으며, 이러한 혼란스러운 상황으로 인해 갈 길이 바쁜 스타트업과 기존 산업과의 분쟁이 끊이지 않고 있다.

　정부 관료들이나 공공기관 구성원들은 과거의 사고에 사로잡혀 섣불리 민간경제를 이끌려는 생각을 우선적으로 버려야 한다. 경험에 비추어볼 때 아직도 많은 관료나 공공 영역 종사자들이 민간 영역을 다 안다는 착각에 빠져 정책을 설계하거나 집행하곤 한다.

　공공은 모든 걸 다 쥐고 본인들이 아니면 사회가 붕괴된다는 강박관념에서 과감하게 벗어나야 한다. 정책을 통해 모든 것을 통제하겠다는 권위적이고 관료주의적인 시야에서 벗어나 경쟁 위주로만 치닫는 민간 영역에 최소한의 대안제나 안전망 역할을 하는 데 초점을 맞추어야 한다.

　시장에 참여한 공공 플랫폼이 경우, 적정 수익을 통해 해당 사업을 자생적인 선순환 구조로 만드는 것 또한 큰 숙제이다. 일반적으로 공공기관은 정부의 예산 투입을 통해 공공사업을 수행한다. 하지만 정부 예산이 축소되고 공공사업을 통해 일부 수익을 자체 조달하여 사업을 수행해야 하는 경우, 공공기관 구성원들은 혼란에 빠질 수밖에 없다. 공공기관의 구성원 대부분은 민간과 경쟁하는 수익사업에는 경험이 없어, 수익성 공공사업이 정상적으로 수행되기에는 매우 어려움이 있는 것이 사실이다.

　특히 정책사업들은 최고 의사결정권자의 교체로 인해 사실상 사업이 한순간에 사라지거나 축소될 수 있어 기관에서는 주력 사업이 아닌 별도 사업으로 진행해야 한다. 정책 사업의 추구로 인한 조직 팽창 역시 해당 정권이 종료됨에 따라 관련 사업을 추진할 수 있는 성장 동력이 소실되며 순식간에 조직이 축소되는 경우가 빈번하다. 또한 기관 성격과 해당 사업이 적합한가에 대한 충분한 고민도 필요하다. 단순히 예산과 권한이 많다는 이유로 무분별하게 사업에 참여하여 확대하다가는 전문성 부족으로 인해 사업이 실패할 가능성이 크다. 잘 안 될 걸 알면서도 정책이고 공약이니 무조건적으로 수행하는 공공기관이 되서는 결코 안 된다.

　관치경제나 정부주도의 산업정책으로 변모하지 않게 항상 오픈 이노베이션을 통해 민간 전문가들의 의견이 사업에 적극적으로 반영될 수 있게 열린 마음으로 여러 의견을 수용해야 한다. 사업 진행 시에도 집권 세력의 정치적 이념을 우선시하여 민간 경제를 무시하거나 사업의 방향을 지나치게 한쪽으로만 기울지 않게 조절하는 것 또한 매우 중요하다.

공공기관의 유연한 사고와 생존 전략

　플랫폼 경제가 성장하며 기존 산업과 스타트업과의 마찰이 생길 때, 공공기관은 기존 산업에 대한 피해를 최소화하는 한편 스타트업 육성을 위한 노력도 동시에 추진해야 하는, 어찌 보면 해결이 불가능한 문제에 직면해 있다. 관료화된 조직을 통해 불확실성이 높고 여러 이해관계가 복잡하게 얽혀 있는 문제들을 효과적으로 풀기에는 이제 한계점에 봉착했다.

　민간 기업에서는 글로벌 경영 환경에 노출되어 무한 경쟁을 하고 있는데 정부 정책은 여전히 현실을 반영하지 못한 채 우물 안 개구리 식으로 탁상공론만 반복하는 경우가 대부분이다. 고립되어 쇠퇴하는 것이 아니라 개방하여 함께 생존해야 하지만 현실은 녹록치 않다.

　공공기관과 같이 점점 관료화되는 대기업들이 사내 벤처와 자회사, 오픈 이노베이션 등을 통해 경영 혁신과 변화를 모색하듯, 공공에서도 새로운 변화가 필요하다. 민과 관의 역할을 동시에 수행 가능한 애자일(Agile)[25] 방식

---

25) 짧은 주기의 반복 실행을 통해 변화에 적극적으로 대응하는 것을 의미한다.

을 적용할 수 있는 공공기관을 별도로 조직하여, 변화에 유연하게 대응할 수 있도록 해야 한다.

공공기관과 같이 관료화된 대기업들은 이미 스타트업의 혁신적이고 개방적인 조직 문화를 알맞게 받아들여 빠르게 변화하는 산업 환경에 대응하고 전문 인재의 확보도 가능하도록 별도의 조직을 구성하고 있다.

공공기관 역시 혁신과 기민성 및 변화에 적합한 거버넌스의 실현이 가능한 조직을 만들어 플랫폼 경제의 요구에 계속적으로 부흥해야 한다. 새로운 산업이 발전할 때마다 공공에서는 항상 새로운 진흥기관을 만들어 산업이 부흥할 수 있도록 한다. 출자기관, 출연기관, 기타 공공기관 등 다양한 형태로 공공기관을 만들어 산업을 부흥시키려 하지만 그 어떠한 공공기관을 만들든 국가법이나 지방계약법 등에 의해 경직된 채로 운영되다 보니 4차 산업 시대에 맞게 대응하는 것이 사실상 불가능하다.

구성원 간의 활발한 커뮤니케이션과 상호협력, 수평적인 조직 구조, 자기주도적인 팀 운영, 탐색적 실험과 실패를 용인하는 문화 등 스타트업이나 많은 혁신 기업들이 활용하는 애자일 방식을 공공에 적용하여 각 사업과 사안에 유연하게 대응할 수 있도록 노력해야 한다.

공공기관들은 액체화된 조직 구조를 통해 급격하고 빠르게 변화하는 환경에 대안을 탐색할 수 있도록 개방성과 유연성을 높여야 한다. 미리 정해진 계획에 따라 변화 없이 움직이는 것이 아니라 큰 틀만 정한 후 현장에 적합하게 그때 그때 사업을 변형시킬 수 있을 만큼 유연한 조직 운영이 필요하다.

코로나19를 통해 공공은 불확실성이 높고 여러 이해관계를 효과적으로 조율해야 하는 상황에서 중앙 및 지방 정부, 공공기관, 시민사회, 의료계, 기업 등을 플랫폼을 활용하여 비교적 효과적으로 통제했다. 특히 플랫폼과 집단 지성을 활용한 공공의 협력적 혁신은 절차와 문서보다는 활발한 소통과 상호 협력, 피드백을 기반으로 하는 스타트업 업계의 애자일 방식을 자연스럽게 공공에 접목시켜 혁신적인 결과를 도출했다.

공공기관의 혁신을 단순히 매뉴얼과 가이드라인을 통한 학습으로 수행할 것이 아니라 유연한 사고와 수평적인 의사소통이 가능한 플랫폼을 활용하여 보다 효과적으로 민간의 전문가들과 협력할 수 있게 만들어야 한다.

공공과 디지털 리더의 균형과 조화

디지털 경제 확산에 따라 정부의 역할 재정립부터 시작하여 사회 전 분야에 디지털 트랜스포메이션이라는 거대한 물결이 치고 있다. 우리 정부도 2022년 9월 디지털플랫폼정부위원회를 출범시켜 민간 전문가들과 함께 디지털 경제의 패권국가로 자리 잡을 수 있게 국가적 역량을 모두 집중시키고 있다.

다만 우려스러운 것은 이후의 방향성이다. 우리 정부가 어렵게 구성된 자문위원회를 과거에 그런 것처럼 단순히 면피용으로만 활용하고, 종국에는 나라의 미래보다 집권 세력의 정치적 속셈에 따라 의사 결정을 하는 일이 반복돼서는 결코 안 된다. 그러나 디지털 경제를 주도적으로 이끌 디지털 전문가와 리더들에게 실질적인 역할과 권한이 부여될 수 있을지는 아직까지 미지수다.

디지털 리더들 역시 자신이 만든 기술이 사회에 미치는 영향력이 매우 크다는 것을 너무나 잘 알고 있기에 공동체의 이익보다 개인의 이익과 이해관계에 따라 의사 결정을 해서는 결코 안 된다. 정부와 디지털 리더 모두 시대적 사명감과 공동체의 번영을 위해 균형과 조화를 이루어내야만 한다.

'균형'과 '조화'는 세상을 움직이는 방향키와 같다. 온라인이든 오프라인이든, 이 두 가지만 해결된다면 다툴 일도 화낼 일도 없다.

〈 디지털플랫폼정부위원회 조직도(안) 〉

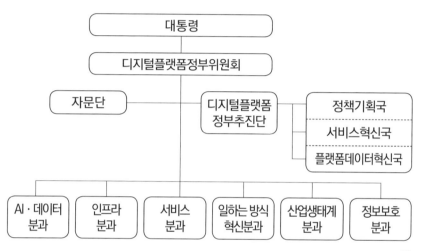

출처: 디지털플랫폼정부위원회 [26]

정부와 플랫폼 기업들은 각자의 입장에서 목소리를 높이고 있는 상황이다. 정부는 너무나 빠르게 변화하고 바뀌는 디지털 세상을 통제하려 시도하지만 막상 무엇을 어떻게 통제해야 하는지 어떤 부분을 진흥해야 하는지 갈피를 못 잡고 있다.

지금까지는 디지털 세계에 대해 잘 모르는 정부가 규제의 칼날을 휘두르기만 하면 플랫폼 기업은 기존 대기업이 취하는 그리 올바르지 못한 대응 방식

---

26) 디지털플랫폼정부위원회 보도자료 '대통령 직속 디지털플랫폼정부위원회 출범' 2022. 9. 2

을 그대로 답습하여 맞대응해왔다. 혁신을 바탕으로 온라인에서 탄생한 스타트업 기업임에도 불구하고 오프라인 대기업과 비슷한 대처를 해온 것이다.

어떤 사회, 어떤 시대든 규제로부터 완전히 자유로운 시장은 없다. 정부의 규제가 불합리하더라도 규제에 순응해야 온전하게 사회의 일부분을 차지할 수 있다. 그렇다고 플랫폼 기업의 희생만을 강요할 수 없는 것도 사실이다. 막강한 독점 지배력으로 자영업자와 소상공인 그리고 이용자에게 피해를 입히는 경우라면 규제로 힘을 약화시켜야 하지만 선한 영향력을 행사하는 스타트업에게는 성장할 수 있는 길을 내주어야 할 것이다.

플랫폼은 우리에게 유용한 쓰임을 가진다. 하지만 소위 말해 '돈이 되는' 특정 분야로 몰리는 현상이 안타까울 따름이다. 만약 이로 인해 우리의 공동체가 무너진다면, 그때는 정부가 적극적으로 개입할 수밖에 없다. 4차 산업시대에 권력을 쥔 사람은 정부도 대기업도 아니다. 디지털 기술에 대해 잘 아는 디지털 리더들이다. 디지털 기술을 잘 활용하면 막대한 부를 쌓을 수 있고 시장을 지배할 수도 있다.

이미 디지털 세상으로 바뀐 상황에서 과거로 되돌아갈 수는 없다. 수익 창출을 목표로 달리는 스타트업이나 시장 독점으로 힘을 얻으려는 스타트업이 극소수이길 바라며 지금 이 시대에 맞는 자본주의와 윤리적 가치를 통해 건전하고 따뜻한 디지털 세상을 만들었으면 하는 바람이다.

우리는 지금 초고속 디지털 세상에 살고 있다. 정부의 규제가 기술 발전의 발목을 잡을 것이라는 우려의 목소리도 있지만 우리가 고민해야 하는 건 더 빨리 기술 발전을 이뤄야 한다는 목표가 아니다. 그것보다는 혁신이라는 이름으로 선보이는 기술이 예상치 못한 결과를 초래했을 경우 다시 '균형'을 잡고 '조화'를 이루는 방법을 모색해야 할 것이다.

Chapter 4

공공 플랫폼의 탄생

01

공공 플랫폼에서
찾은 해답

왜 공공 플랫폼이 필요한가?

현실적인 문제가 다양하게 산재해 있더라도 공공 플랫폼이 지속적으로 관심의 대상이 되는 이유가 있다. 독과점 플랫폼에 대항하여 정부가 유일하게 빠르고 주도적으로 실행할 수 있는 대안이기 때문이다.

공공 플랫폼은 공익을 목적으로 온라인 플랫폼을 구축하고 국민에게 서비스를 제공하는 것이다. 수익 창출이 목적이 아니라 이용의 편리성과 사회적 가치 추구에 목적을 두고 있다.

플랫폼의 인기가 높아지면 당연히 사용자가 모이고, 다시금 이것이 힘이 되어 플랫폼의 가치가 높아진다. 이 과정에서 소비자와 소상공인은 편리함 대신 경제적인 손실을 감내해야 한다. 거대 플랫폼이 이용료, 수수료 등을 인상하더라도 달리 대책이 없는 이용자는 어쩔 수 없이 플랫폼의 횡포에 따라야 하기 때문이다. 한편, 해당 플랫폼을 사용하지 않는 소상공인의 경우에는 고객을 빼앗겨 매출이 감소하는 등 타격을 받을 수 있다.

코로나19로 인기가 더욱 높아진 배달앱 배달의 민족은 대표적으로 거론되는 플랫폼이다. 음식점은 배달앱으로 고객의 주문을 받기 위해 일정 부분의 수수료를 지급해야 한다. 고객은 비싼 배달비를 물기도 하고 배달 라이더는 업무 강도에 미치지 못하는 처우로 불만을 터뜨리기도 한다.

배달의 민족의 독과점을 막기 위해 각 지역에서는 자체 배달앱을 내놓았다. 경기도에서는 '배달특급', 인천 서구에서는 '배달서구', 군산시에서는 '배달의명수', 강진군에서는 '강진배달', 대구시에서는 '대구로' 등 20여 개가 넘는 공공 배달앱이 운영되고 있다.

〈 전국 지자체 공공 배달앱 `2022년 7월기준. 자료=각 지자체 〉

지역	명칭	출시일	가입자수	누적 주문 금액
대구광역시	대구로	2021년 8월	26만명	575억원
경상북도	먹깨비	2021년 9월	14만명	196억원
경기도	배달특급	2020년 12월	76만명	1800억원
강원도	일단시켜	2020년 12월	9만명	77억원
군산시	배달의명수	2020년 3월	13만명	202억원
광주광역시	위메프오	2021년 7월	미집계	122억원
대전광역시	휘파람	올해 1월 배달앱 부르심과 통합	미집계	35억원

출처 : 매일경제[27]

2020년 12월 서비스가 시작된 경기도 공공 배달앱 배달특급 경우, 31개 시군을 통해 누적 거래액 1,800억 원, 회원 수 76만 명(2022년 7월 기준)을 돌파하였으며 공공 배달앱 중 가장 성공적으로 자리매김하고 있다는 평가를 받고 있다.

경기도는 배달특급과 지역화폐를 연동해 편리성을 높였고, 매달 100억 원 이상 이용 거래가 꾸준히 늘고 있는 상태다.

---

27) 매일경제 : 강원도로 휴가 가는 사람들... 치킨 먹으려면 '일단시켜' 2022. 8. 1

하지만 모든 배달앱이 자리 잡는 데 성공하지는 못한다. 낮은 수수료로 호응을 얻을 거라 예상됐던 공공 배달앱은 세금 낭비, 서비스 경쟁력 부족 등의 논란이 일며 긍정적인 효과를 거두는 데 주춤하기도 했다. 출시 1년도 채 되지 않아 문을 닫거나, 이용자가 저조해 운영이 어려워져 서비스를 포기하는 경우도 있었다.

플랫폼 중 배달앱에 공적인 역할이 더 큰 것은 플랫폼 사용자가 지역 음식점, 주민 등, 민생경제에서 가장 가까이 있는 사람들이기 때문이다. 독과점 배달앱으로 인해 사회적 갈등이 야기되고 불공정한 상황이 일어난다면, 정부는 다른 어떤 분야보다 더욱 신속하게 불공정 환경을 개선해야 할 필요가 있는 것이다.

플랫폼 독점을 논할 때 자주 거론되는 또 다른 플랫폼이 있다. 바로 카카오의 택시 호출앱 카카오T이다. 90%가 넘는 시장 점유율을 자랑하는 카카오T는 수수료 문제, 배차 갈등 등으로 문제를 일으켰다. 유사 종목인 타다가 시장 진입을 노렸으나 택시 업계의 반발과 법령 규제에 부딪혀 카카오의 독점이 이어지고 있다. 이외에도 부동산 플랫폼이나 숙박 플랫폼 등도 높은 수수료로 사업자들에게 부담을 주기도 했다.

윤석열 정부 출범 후 플랫폼 규제의 방향이 사업자 자율 규제로 정해지면서 플랫폼의 독과점을 막기 위한 가장 효율적인 방법으로 공공 플랫폼이 부각되고 있다. 소비자, 소상공인이 편리하고 저렴하게 이용할 수 있는 안정적인 기반의 공공 플랫폼이 생긴다면 자연스럽게 민간 플랫폼을 견제하게 될 것이고, 이에 따라 이용자를 지키기 위해 독과점과 불공정에서 벗어나 시장을 위한 진정한 서비스를 펼치게 될 것이다.

공공 플랫폼의 가능성

공공기관이 플랫폼을 만들 때마다 자주 듣는 말이 있다. '공공 플랫폼은 시작만 요란하지 결국은 오래가지 못한다'.

왜 그럴까? 플랫폼의 선순환을 위해서는 공급자와 수요자 모두가 새로운 가치와 해택을 지속적으로 받아 플랫폼이 점차 확장되어야 하는데 공공플랫폼에서는 이러한 중요 요소들이 효과적으로 적시에 나타나기가 상당히 어렵기 때문이다.

플랫폼 소유주인 국가나 정부를 대리하여 운영하는 공무원이나 공조직들 대부분은 한정적인 권한 속에서 플랫폼의 선순환을 통한 확장보다는 소극적인 운영을 통한 책무감을 줄이는 것에 초점이 맞추어져 있다. 이는 단순히 공무원이나 공조직 구성원의 개인적인 성향 보다는 그들이 속한 조직 특유의 방어적 운영 형태에 따른 필연적 결과라 볼 수 있다.

이런 상황에서 우리가 주목할 수 있는 것은 제3섹터라고 불리는 민관이 공동출자한 조직을 통한 공공 플랫폼의 운영이다. 그간 제3섹터 부분은 민간의 효율성과 공공의 공익성을 융합하여 정부 부분과 민간 부분의 장점이 결합된 이상적인 개념으로 불렸으나 그 효용성에 대해서는 사업 영역에 따라 각기 다른 결과를 만들어냈다.

우리나라에서는 일본이나 미국, 유럽 국가와는 다른 개념으로 제3섹터의 개념이 구분되어 있으며 일반적으로 민관이 공동으로 출자한 조직을 통해 민간 시장에서 수익 활동을 하고 여기에서 생긴 수익을 다시 공공사업에 재투자하는 형식으로 운영이 이루어졌다.

제3섹터를 통해 공공사업을 진행할 경우, 공공과 함께 사업을 진행함으로써 행정적인 부분에 대한 절차적 간소화와 민간의 효율성으로 인한 신속한 사업 추진이 가능하여 공공 플랫폼 사업을 추진하는 데에 있어 최상의 조직 형태를 갖추었다고 할 수 있다.

경기도의 공공 배달앱 사례 경우, 민관이 공동출자한 하이브리드형 공공기관을 통해 공공 배달앱 사업을 추진하였고 효과적인 공공사업의 수행을 위해 민간 전문기업으로 이루어진 컨소시엄을 통해 사업 파트너를 선정했다. 이 결과 단시간에 공공 배달앱을 출시할 수 있었고 지속적인 확장 및 안정적인 운영을 가능하게 했다.

운영을 위한 재원 조달 역시 지자체 예산과 공공 배달앱을 통한 민간 시장에서의 수익을 적절하게 배분하여 상대적으로 소규모 예산과 최소한의 수익으로 공공사업의 효율성을 극대화하고 있다. 경기도의 소모성자재(MRO: Maintenance, Repair and Operation) 공공 플랫폼 역시 민관이 공동출자한 공공기관을 통해 공공 배달앱과 유사한 방식으로 민간 전문 소모성자재(MRO) 기업이 공공사업에 참여하여 전문성과 효율성을 확보했다.

공공 플랫폼은 수많은 발전 가능성이 있음에도 불구하고 공공이 민간 기업의 경쟁 상대가 되어 시장을 혼란 시킬 가능성을 내포하고 있어 충분한 사전 검토와 사업의 당위성에 대한 폭넓은 공감대가 형성되어야만 한다.

공공으로서 사회 후생 여파의 관점에서 플랫폼 사업에 접근해야 하며 공공이 효과적으로 플랫폼을 활용할 수 있는 분야에만 적극적으로 참여해야 한다. 반대로 민간의 활용성이 더 크고 긍정적이라고 판단되는 분야에서는 공공이 사업을 하고 있더라도 과감히 철수하는 것이 바람직하다.

플랫폼 경제의 활성화를 차치하고서라도 플랫폼 구축을 위한 초기 진입 장벽이 과거에 비해 상대적으로 낮아지고 있는 시점에서 공공은 특정 분야에 공공의 이익을 위해 공공 플랫폼의 진출이 필요하다고 판단되면 제3섹터 조직과 같은 민관 하이브리드형 기관을 통해 공익성과 효율성을 발판으로 과감하게 진출할 수 있는 제도적 뒷받침을 마련해야 한다.

공공 플랫폼이 풀어야 할 숙제

"정부와 관료, 정책은 지적이고 공정하다."라는 경제학자 존 메이너드 케인스의 '하비 로드의 전제'가 지금도 통한다고 생각하는 사람은 아무도 없을 것이다.

흔히들 관치 경영이라 불리는 정부의 과도한 시장 개입은, 4차 산업시대인 지금도 우리 사회 곳곳에서 여전히 현재 진행 중이다. 특히 지방자치를 실행하면서 중앙의 통제에서 벗어난 지방 정부를 자세히 들여다보면 이러한 현상들이 보다 두드러진다. 민간에서 하는 것이 효율성이나 산업 활성화 면에서 훨씬 뛰어남에도 불구하고 이런저런 이유로 공공이 직접 운영하거나, 아니면 공공기관 스스로가 관리·감독이라는 명분으로 특별한 역할도 없으면서 일종의 중간 유통망으로 참여하여 민간의 사업 의지를 꺾고 있다.

디지털 플랫폼을 근간으로 사업하는 스타트업 역시 이러한 공공기관의 과도한 시장 개입 행위로 인해 여러 피해를 당하고 있다. 설령 공공이 사업을 진행하고 있는 분야라도 민간이 더 효율적으로 운영을 할 수 있거나 공공성을 해치지 않는다고 판단되면 과감하게 민간에게 개방해주어 공공성과 효율성을 극대화할 수 있게 해주는 것이 공공기관의 기본 역할이다.

하지만 공공기관 대부분이 이러한 부분에 있어서는 제자리걸음 중이다. 본인들의 시장 통제권 약화로 인한 기관의 입지 및 존립성 불안 등으로 인해 과감하게 사업을 민간에 일임하거나 기관의 권한을 축소하는 경우가 극히 드문 것이다.

지난 2월, 국회의원회관에서 '공공주도의 플랫폼, 실현 가능한가?-경기도 공공 배달앱 '배달특급' 사례를 중심으로-정책토론회'가 개최됐다.

이 자리는 민간의 영역에서 성장해온 플랫폼에 공공부문이 개입하고 있는 현재 상황을 분석하고 바람직한 플랫폼 경제의 성장을 독려하기 위한 시간이었다.

국민의힘 한무경 의원은 "세계적으로 플랫폼 경제가 부상하고 있는 가운데, 우리나라 역시 코로나19를 계기로 비대면 소비가 확산되면서 공공이 직접 플랫폼 시장에 뛰어들기에 이르렀다. 특히 공공 배달앱은 세금이 투입되지 않으면 스스로 살아남을 수 없는 구조이며, 실제로 배달특급이라는 공공 앱에 수백억 원의 예산이 투입되고 있다."라며 현실적인 문제를 언급했다.

서울대학교 경영대학원 유병준 교수는 "기업들은 불확실성이 높은 상황에서 시장 반응에 따라 발 빠르게 방향을 수정하는 것이 필요한데, 정부가 플랫폼을 운영할 경우 고객의 니즈는 물론 발 빠른 대응이 어려워 성공 가능성이 낮을 수밖에 없다."라고 지적하며 "정부는 독과점 등 시장 메커니즘의 실패에 대해서만 개입하되, 민간 영역에 개입해서 기업들의 혁신과 가치 창출을 무시해서는 안 된다."라고 강조했다. 덧붙여 "민간 영역보다는 공공 정보 등 국민의 필요 정보를 활용한 공공 영역의 플랫폼 운영이 바람직하다."라고 밝혔다.

성균대학교 법학전문대학원 이승민 교수는 "국가의 개입은 공익 목적 달성이라는 한계 내에서 가능하며, 공익 목적 달성을 위한 규제도 그 근거가 명확한 경우에 단계적으로 이루어져야 하고 협력 모델을 우선하는 것이 바람직하다. 공공 배달앱, 공공 호출앱, AI를 통한 구인·구직앱 등을 국가가 직접 수행해야 하는 이유가 무엇인지 의문스러우며, 국가는 공공 데이터를 개방하고 경쟁 친화적 시장 환경을 조성하는 역할에 치중해야 한다."라고 밝혔다.

공공 플랫폼을 공공기관이 단독으로 운영해서 성공시키는 것은 사실상 매우 어렵다. 공공기관은 기본적으로 디지털 사업을 하는 전문 기업이 아니기 때문에 민간 기업이 갖는 경쟁력과 효율성을 결코 갖출 수 없으며 이용자의 편의나 수익성보다는 정권의 기조에 따라 주기적으로 사업의 방향과 규모가 바뀔 수밖에 없다.

또한 플랫폼은 최종적으로 글로벌화가 되어야 성장이 가능하다. 하지만 공공 플랫폼은 지역에서의 성공, 국내에서의 성공에 그치는 경우가 대부분이다. 공공 플랫폼은 장기 계획이나 운영 보다는 단기 효과나 성과에 더 집중하기 쉽다. 때문에 모양새만 그럴듯한 공공 플랫폼을 서비스하는 것은 오히려 시장에 큰 혼란을 주고 활용도 또한 부족할 수밖에 없다.

플랫폼 경제와 공공의 역할

02

플랫폼이 만든
혁신과 충돌

민간 배달 플랫폼 vs. 공공 배달 플랫폼, 규제만이 답이 아니다

초기 배달앱은 기업가의 사회적 가치 추구 여부를 떠나 단순히 사용자에게 편리함을 주기 위해 시작하면서 서비스 그 자체로서 가치가 높았다.

한눈에 보이는 음식점, 그리고 음식점마다 달린 리뷰, 거기에 할인 쿠폰까지, 이용자에게 배달비가 부담이 될 수도 있지만 그건 투자를 받거나 음식점으로부터 지원받아 메꾸면 되는 것이다.

음식점들도 수수료를 일정 부분 내더라도 쌓아놓은 식재료 소진과 원활한 운영을 위해 흔쾌히 참여했었기 때문에 초창기에는 그 누구도 큰 불만이 없었다.

하지만 사업이 고도화되고 외국의 투자가 들어오면서 투자자들의 이익 극대화를 위한 여러 수단들이 강구되기 시작했다. 이 때문에 자영업자와 소상공인의 수수료 문제, 광고비 문제, 배달 라이더 문제 등으로 인한 잡음이 끊임없이 이어졌다.

정부는 이런 문제를 규제라는 틀로 단순하게 접근하려 했으나 해결법은 쉽

플랫폼 경제와 공공의 역할

사리 나오지 않았다. 4차 산업이 무엇인지 디지털 경제가 무엇인지 감조차 잡지 못하는 관료들과 이슈 선점을 위해 졸속 법안을 고민하는 정치인, 그리고 방통위, 공정위, 과기부 등의 여러 부처들과의 중복 규제 문제, 부처 간의 경쟁적인 규제안, 정부 부처 특유의 기관 팽창 의지 등이 맞물리면서 사실상 전혀 갈피를 잡지 못하는 상황이 되어버렸다.

이런 상황이 지속될수록 지역의 자영업자와 소상공인들은 끊임없이 고통을 호소했고, 결국 지자체별로 공공 배달앱이 산발적으로 탄생했다.

출처 : 배달의 민족

출처 : 배달특급

배달앱 자체의 개발은 비교적 손쉽게 이루어진다. 하지만 그 후 프로모션을 비롯한 유지·보수는 전혀 다른 문제다. 실제로 이런 문제에 봉착해 현재는 소수의 공공 배달앱만이 정상적으로 운영되고 있고, 이것 역시 향후 방향에 대해서는 계속적으로 세금을 투입하는 것이 옳은지, 아니면 자립을 위해 수수료를 인상해야 하는지 등의 문제가 산적해 있다.

결국 정부와 국회는 국민의 눈치를 볼 수밖에 없다. 유니콘 플랫폼 때문에 쏟아지는 소상공인, 소비자, 관련 노동자들의 불만을 모른 척할 수는 없다. 그래서 각종 규제를 제안하자, 한편에서는 우려의 목소리가 높아졌다. 플랫폼 경제의 성장을 가로막는 환경이 되어 더 이상 유니콘 플랫폼 탄생을 기대하기 어렵다는 것이다.

우수한 인재와 많은 투자가 유입되는 4차 산업 관련 스타트업을 규제하면 우리나라의 디지털 산업계가 해외에 뒤처지고 승승장구하던 유니콘 플랫폼 기업마저 성장 동력을 잃게 된다는 것이다. 기존 플랫폼과 신규 스타트업 모두 악영향을 받을 수밖에 없다.

연매출을 기준으로 규제가 이루어지는 것도 문제다. 스타트업은 자금의 흐름은 큰 반면 순익을 내지 못하는 곳이 많다. 그런데 연매출을 기준으로 각종 규제가 적용된다는 것에 대해 스타트업 업계들은 억울하다는 입장이다.

여러 가지 규제안에는 소비자에 대한 부분도 있다. 소비자 피해에 대한 배상을 플랫폼에서 담당해야 하는 것이다. 플랫폼이란 원래 중개의 역할만을 맡았다. 그런데 그 영역이 커지고 힘이 강해지면서 점점 이용자가 늘고, 이용자가 늘다 보니 각종 민원이 끊임없이 제기되는 게 현실이다. 그로 인해 발생하는 문제를 플랫폼의 책임으로만 전가하기에는 기업들에게 너무 큰 부담으

플랫폼 경제와 공공의 역할

로 작용할 수밖에 없다.

정부의 각종 규제가 플랫폼 생태계를 지켜줄지, 아니면 성장 가능성이 높은 스타트업의 발전을 가로막을지 고민이 되는 순간이다. 한 가지 명확한 것은 일방적인 규제는 4차 산업 경제의 걸림돌이 된다는 점이다. 정부가 공정한 경쟁 기반과 투명한 투자 환경을 구축하여 경쟁력 있는 플랫폼은 계속 발전하고 그렇지 않은 스타트업은 자연 도태될 수 있도록 노력해야 할 것이다.

민간 전문직 알선 플랫폼 vs. 직역 단체 플랫폼, 공공 서비스 가능할까?

흔히 전문직으로 구분하는 업종은 대체로 폐쇄적으로 운영되며 제한된 정보를 볼모로 자신의 영역을 지킨다는 비판을 받기 쉽다.

잘못한 것도 없는데 괜히 법 앞에서는 작아지는 느낌이라 제대로 된 법률 서비스를 받고 있는 건지, 사건 진행이 잘 되어가는 중인지도 가늠하기 어렵다. 특히나, 다른 서비스와는 다르게 어느 변호사가 유능하고 어느 변호사가 적절한지에 대한 기본적인 정보도 없이 소개로 만나 소송을 진행하는 경우가 많다.

상황이 이렇다 보니 돈을 낸 만큼 서비스를 받는 게 일반적인 타 업종 서비스와 달리, 돈을 지불하는 소비자가 돈에 상응하는 정당한 서비스를 받는다는 느낌을 받지 못한다. 변호사가 제공하는 서비스 외에 더 요구하기도 어렵고, 적절치 못한 서비스를 받더라도 제대로 항변하지 못하는 경우가 많다.

출처 : 로톡   출처 : 나의 변호사

　전문적인 법률 서비스를 무료로 받을 수 있다면 어떨까? 대한변호사협회
와 서울지방변호사회가 공동 개발하고 전국 14개 지방변호사회가 협력해 만
든 법률 플랫폼 '나의 변호사'라는 앱이 있다. 민간 법률 플랫폼 '로톡'과 차별
화된 서비스를 펼치겠다고 밝힌 '나의 변호사'는 대한변호사협회에서 검증한
변호사 정보를 사용자에게 제공하고, 지역·분야·이름별 변호사 검색도 가
능하다. 사건을 의뢰하면 수임을 희망하는 변호사와 연결된다.

　지난 3월 서비스 개시를 앞두고 기자간담회를 가진 '나의 변호사'는 "변호
사들에게는 변호사에 대한 정보를 국민에게 알리고 선택하도록 제공할 의무
가 있다."라고 밝혔다. 이날 기준 '나의 변호사'에 등록된 변호사는 2만 6,328명,

정보 공개에 동의해 구체적 정보까지 노출하도록 설정한 변호사는 4,200여 명에 달했다.

직역 단체 플랫폼이면서 동시에 공공 플랫폼이기도 한 '나의 변호사'는 일반 플랫폼 기업처럼 외부 투자를 받지 않기 때문에 수익 창출을 목표로 달리지 않는다. 변호사 직역의 공공성을 지키면서 국민들에게 변호사들의 정보를 제공함으로써 국민들이 제대로 된 법률 서비스를 받을 수 있도록 장려했다는 장점이 있다. 플랫폼의 선한 기능을 활용하면서도 공공성을 유지할 수 있다는 점에서 탄생부터 많은 관심을 받았다.

'나의 변호사' 경우 '로톡'을 포함한 기존의 법률 플랫폼에서 제공하는 수임료 공개, 별점, 후기등의 정보를 제공하지 않고 있어 변호사를 비교 선택하기 원하는 소비자 입장에서는 상대적으로 선택이 제한적일 수밖에 없다.

수임료를 포함한 민감한 정보의 공개를 통해 무한경쟁을 유도하는 것이 플랫폼의 속성인 이상 '나의 변호사'가 과연 시장에서 성공적으로 안착할 수 있을지에 대해서는 아직까지 미지수이다.

민간 중고차 플랫폼 vs. 완성차기업 플랫폼, 소비자의 선택은?

자동차 거래는 국민의 안전 및 생명과 직결되는 업종이다. 현재 5~6개의 중고차 플랫폼이 운영되고 있는데 사실상 소비자인 국민보다는 딜러와 중고차 사이트의 배만 불린다는 비난을 면치 못하고 있다. 끊임없는 허위·미끼 매물, 불투명한 가격 정보, 성능·상태 점검 기록부의 낮은 신뢰도 등으로 인해 중고차 소상공인에 대한 불신이 강한 게 사실이다.

이런 중고차 시장의 개선을 위해 여러 형태의 서비스를 제공하는 플랫폼 회사들이 있으나 아직도 중고차 시장 전반에 산재한 문제를 개선하기에는 역부족이라는 게 대부분의 의견이다. 혁신과 효율을 중시하는 플랫폼 기업들도 아쉽게도 해당 시장에서는 사실상 큰 구실을 하지 못한다는 게 중론이다.

결국 이런 문제들은 완성차 업체나 대기업이 중고차 시장에 진출하는 상황을 만들었다. 중고자동차판매업을 '생계형 적합업종'으로 보지 않음으로써 현대자동차, 기아, 쌍용자동차, 롯데렌탈 등 대기업들이 중고차 시장에 진출할 수 있게 되었다. 이외에 한국GM, 르노코리아도 시장 진출을 엿보고 있다.

출처 : 엔카

출처 : 현대글로비스 오토벨

자동차 회사가 중고차 판매를 할 경우, 자사 브랜드의 차종에 대한 신뢰를 얻을 수 있어 소비자로서는 반가운 일이다. 예를 들어 현대차는 구매 후 5년 이내, 주행거리 10만㎞ 이내의 자사 브랜드 차량을 200여 개의 꼼꼼한 품질 검사를 거쳐 판매할 것이라고 발표했다. 자동차 회사는 온·오프라인으로 각종 서비스를 제공할 예정이어서, 기존 중고차 소상공인에게 큰 부담이 될 것으로 보인다.

자동차 회사의 진출 소식에 중고차 플랫폼의 긴장도 커졌다. 비대면 판매를 촉진하거나 시승 서비스, 책임 환불제 등 소비자를 위한 대책을 내놓고 있다.

이에 전국자동차매매사업조합은 대기업의 중고차 시장 진출을 반대하는 기자회견을 갖기도 했다. 조합은 "중고차 업계 직접 종사자와 관련 산업 종사자 약 30만 명의 일자리를 빼앗게 될 것"이라고 주장하며 소비자들이 갖고 있는 불신을 해소하기 위해 대책을 준비 중이라고 밝혔다. 또한 중고차 플랫폼을 개발해 다양한 정보를 실시간으로 공유할 계획임을 알렸다.

대기업이 진출하여 중고차 시장이 정돈되면 소비자들의 만족도는 당연히 올라가겠지만, 관련업에 종사하는 선량한 중고차 업체들의 생존권에 위협이 될 수 있으므로 신중할 필요가 있다. 일각에서는 완성차 업계의 진출로 투명성이 커지고 중고차 시장이 더욱 확대될 것이라는 긍정적인 의견도 있다.

개인적으로는 해당 시장에 대기업을 진출시킬 게 아니라 공공이 진출하여 현재의 왜곡된 시장을 바로 잡는 데 역할을 해야 하지 않을까 고민해본다.

민간 MRO 플랫폼 vs. 공공 MRO 플랫폼, 윈윈을 위한 선택

흔히 '관납'이라고 불리는 B2G(Business to Government) 사업은 일반 기업이 들어오기에는 각종 입점 절차와 복잡한 구비 서류로 인해 문턱이 높았던 것이 사실이다. 하지만 일단 입점하여 판매가 이루어지고 경험이 생기면 B2G는 B2C, B2B보다 상대적으로 안정적인 판매처가 될 수 있다.

경기도의 경우 경기도 본청 및 31개 시군에 253개의 공기업 및 출자·출연 기관(2022년 6월 기준)을 산하에 두고 있다. 그동안 소모성 자재라 불리는 MRO(Maintenance Repair and Operation) 물품은 각기 다른 온·오프라인 경로를 통해 구입이 이루어졌으나, 현재는 경기도 본청에서 플랫폼 기술을 활용한 경기도형 구매 플랫폼을 운영하여 전체적인 구매 편의성 및 거래 투명성을 높였다.

출처 : 쿠팡비즈

출처 : 경기도 공정구매 플랫폼

    중소기업 입장에서는 경기도청을 비롯하여 31개 시군, 253개의 공기업 및 출자·출연기관을 상대로 물건을 판매할 수 있는 공공 구매 시장이 열린 것이며, 공공기관 입장에서는 비교적 저렴한 가격에 MRO 물품을 구입하여 세금 절감 효과 및 지역 경제 활성화에 긍정적인 영향을 끼쳤다고 할 수 있다.

    공공에서 운영하는 MRO 서비스 경우, 많은 장점을 가지고 있다. 공공 서비스이기에 구매자와 판매자가 사실상 최저가 수수료로 이용할 수 있고, 중소기업의 B2G 시장 진입을 포함하여 물품 공급 기업이면서 동시에 물품 구매 기업이 될 수 있는 확장성이 있다.

    이와 같이 공공에서 플랫폼을 활용하면 그동안 접근이 어려웠던 B2G 시장을 일반 기업들이 손쉽게 이용할 수 있도록 개방할 수 있으며, 특히 판로 확보에 어려움을 겪는 사회적 기업, 여성 기업, 장애인 기업, 청년 기업, 자활 기업 등에 보다 안정적인 구매처를 제공할 수 있다.

그동안 공공기관에서는 우선 구매 제도에 따른 구매 의무 할당량 충족 때문에 꼭 필요치 않은 물품이라도 연말이 되면 일괄 구매하는 행위를 반복했다. 하지만 공공 MRO 플랫폼과 같은 서비스를 활용하면 플랫폼상에서 우선 구매 물품을 체계적으로 관리할 수 있어 기관에 꼭 필요한 우선 구매 물품들을 중복 없이 효율적으로 구매할 수 있게 된다.

공공 MRO 플랫폼은 플랫폼을 활용하여 공공 시장을 민간에 개방한 사례로, 공공이 민간 시장에 참여한 공공 배달앱과는 반대 형태의 사업이라 할 수 있다. 공공성을 해치지 않으면서도 효율성을 극대화할 수 있는 공공 분야에 대해서는 민간의 적극적인 시장 참여를 유도하여 신규 사업 기회를 창출해주는 것 또한 공공의 주요 역할이라 할 수 있다.

해당 사업은 민간의 B2B 구매 사업인 비즈몰(biz-mall) 플랫폼 사업과 중복되는 형태이기는 하나, 현재까지는 B2G로 한정하고 있어 민간 비즈몰(biz-mall) 플랫폼과의 충돌은 없다. 하지만 반응이 좋을 경우 공공기관만이 아니라 일반 기업들도 회원 가입이 가능하게끔 하여 B2B 부분까지 확대할 계획이 있으므로 민간 기업과의 경쟁이 예상된다.

민간 반려동물 플랫폼 vs. 공공 반려동물 플랫폼의 상생

　동물 보호 및 복지를 공공의 이익으로 보는 관점이 커지면서 정부가 관련 서비스를 제공해주기를 바라는 반려인들의 요구가 늘고 있다. 특히 동물을 통한 전염병이나 유기 및 입양 동물 문제 등이 사회 문제로 부각되면서 체계적인 반려동물 관리 프로그램이 필요해지고 있다. 또한 반려동물에 대한 인식이 인간과 마찬가지로 공공보건의 개념으로 인식되면서 이에 따른 공공의 역할 역시 중요하게 부각되고 있다.

　코로나19로 전 세계가 고통의 시간을 보낼 때 반려동물 역시 마찬가지의 처지에 처했다. 동물도 코로나19에 감염되는 사례가 속출했기 때문이다. 홍콩에서 강아지가 코로나19에 확진된 것을 시작으로 고양이, 사자, 호랑이 등 각종 동물들이 코로나19에 감염됐다. 우리나라에서도 2021년 고양이가 첫 확진을 받았다. 공식적으로 국내에서 코로나19에 감염된 반려동물의 숫자는 공개되지 않았으나, 2021년 국정조사 당시 언급된 코로나19에 확진된 국내 반려동물은 89마리이다.

　농림축산식품부가 발표한 '2021년 동물보호에 대한 국민의식조사 결과'에 따르면 반려동물을 양육하는 비율은 전체 가구의 26%로 4가구 중 1가구꼴이었다. 과거 반려산업은 반려용품, 반려 여가 프로그램 등으로 한정적이었으나 반려인의 비율이 높아진 지금은 플랫폼 기술과 융합하여 여러 방면으로 사업이 확장되고 있다.

출처 : 펫닥

출처 : 경기도동물보호복지플랫폼

최근 몇 년 사이 반려동물에 대한 사회적 인식이 날로 커지면서 많은 정치인들이 선거 주요 공약으로 반려동물 관련 법안을 내걸 정도가 되었다. 윤석열 대통령은 대선 운동 당시, 반려동물 진료비 표준수가제 도입 및 소득공제, 개 물림 사고 예방 조치 강화 등 반려동물과 관련된 각종 공약을 내놓았다. 반려동물 진료비 표준수가제를 통해 반려동물의 진료비를 낮추고 반려동물

플랫폼 경제와 공공의 역할

의 진료비와 치료비 등을 소득공제 대상에 포함시키겠다는 것이다. 당시 윤석열 후보는 "반려동물이 다양해지는 추세를 반영해 반려동물 범위를 확대하고, 지자체를 중심으로 반려동물 보호 시설과 수준을 확충해 유기·유실 동물을 최소화할 방침"이라고 밝혔다.

이재명 후보는 '사람과 동물이 함께 행복한 사회'를 만들기 위해 반려동물 진료비 표준수가제를 공약으로 발표했고, 개 식용 금지 추진, 동물 학대 예방 및 재발 방지 추진 등의 항목도 덧붙였다.

심상정 후보는 동물 학대, 안락사, 동물 살처분, 번식장, 개 식용 없는 '생명 존중 5無 사회' 공약을 내놓았다. 동물 진료비에 대한 부담을 줄이기 위해 공공적 성격의 반려동물 건강보험 도입을 제시했으며 지자체 동물장례시설 설치 의무화를 비롯해 공공동물보호센터 입양 활성화 등을 언급했다.

또한 많은 지자체에서 반려동물 테마파크나 화장장 등을 건립하고 있으며 반려동물 관련 지자체 예산도 매년 증가하고 있다. 반려동물의 기본적인 동물의료비용을 지원하는 경우도 있다. 경기도는 저소득층, 1인 가구 등을 위한 '돌봄 취약가구 반려동물 의료서비스 지원사업'을 통해 의료와 돌봄에 필요한 비용 일부를 지원하고 있다. 서울시는 '우리동네 동물병원', 경기도는 '동물보호복지플랫폼', 경상남도는 '반려동물 진료비 지원사업' 등을 통해 지원 사업을 펼치고 있다.

스타트업 업계 역시 반려동물 관련 사업을 하는 펫테크 기업들이 점점 늘어나고 있으며 플랫폼을 활용한 생애 주기별 서비스를 제공하고 있다. 현재까지는 크게 정부와의 다툼 없이 사업을 진행하고 있으나 정부가 본격적으로 해당 사업까지 영역을 확장할 경우 기존 스타트업 업계와 지속적인 충돌이 예상된다.

민간 재가 서비스 vs.
공공 재가 서비스의 긍정적 미래

통계청에 따르면 오는 2025년 국내 전체 인구의 약 20%가 고령인구가 되며 이에 따라 대한민국은 초고령사회에 진입할 것이라고 한다. 이와 관련하여 중앙정부를 비롯한 각 지방정부는 다양한 노인 복지 정책을 비롯하여 관련 예산을 매년 확대하고 있다. 민간 기업들 역시 노인 복지와 관련된 산업에 대해 이미 오래전부터 미래 유망 산업으로 인식하여 전통적인 기업뿐만 아니라 스타트업 기업까지 관련 산업에 활발히 진출하고 있다.

출처 : 스마일시니어   출처 : 중앙사회서비스원

　관련 산업 중 특히 문제가 되는 부분은 노인 재가 서비스이다. 실버산업의 지속적인 성장세에도 불구하고 노인 재가 서비스의 경우, 해당 업계의 영세함으로 인해 많은 구조적인 문제점들이 산재해 있다. 이러한 복잡한 상황에서 스타트업의 노인 재가 서비스 분야의 진출은 그동안 문제점으로 지적되었던 여러 부분을 효율적으로 개선하는 동시에 향후 사업적 가능성까지 인정받아 투자 유치를 비롯한 대기업들과의 협력 사업이 활발하게 일어나고 있다.

　공공의 경우에는 사회서비스의 공공성 강화와 종사자의 처우 개선을 목적으로 하는 '사회서비스원'을 2019년부터 보건복지부 시범사업으로 시작하여 2022년까지 시·도 전역에 총 17개를 설립할 예정이다. 이를 통해 공공은 종합적인 돌봄 서비스를 국가 주도로 확대하여 우리 사회 전반에 사회서비스

정책의 공영화를 이룰 계획을 하고 있다. 사회서비스원이 제공하는 주요 서비스 중 노인 재가 서비스에 해당하는 부분은 현재까지는 민간 기업과의 큰 마찰 없이 상호 협력하에 사업이 진행 중에 있는 걸로 보인다.

하지만 공공이 사회서비스를 공공의 영역에서 책임지고 운영하기로 한 이상, 민간 기업들과의 충돌이 불가피할 거라 예상된다. 향후 시·도별 사회서비스원을 중심으로 실시하던 노인 재가 서비스를 비롯한 여러 사회서비스를 읍면동까지 확대 제공하면 결국 언젠가는 부딪칠 수밖에 없기 때문이다. 민간은 해당 산업을 사업 기회로 보고 있지만 공공은 해당 산업을 국민 편의 증진을 위한 사회 복지로 보고 있다. 이 경우 그동안 민간이 투자를 통해 개선시키며 사업화한 서비스들을 공공이 사실상 무료 서비스로 국민들에게 제공할 수도 있다.

민간 기업이나 스타트업이 특정 분야를 사업화하고 발전시켰다고 해도 관련 분야의 성격이 공공성이 강하며 장기적으로는 공공의 역할이 증대될 수밖에 없는 부분이라면 사실상 민간 기업의 시장 확대는 어려울 수밖에 없다. 특히, 복지와 연관된 서비스 경우, 정부의 정책 방향에 따라 민간 기업의 사업 기회가 확대되거나 축소될 수도 있는 점을 유의하며 사업의 방향을 결정해야 할 것이다.

　　　　　　　　　　　　 플랫폼 경제와 공공의 역할

[참고문헌]

1. 단행본 및 연구보고서

- 김은경, 『대안 플랫폼의 하나로서 공공플랫폼의 가능성과 사례』, 정의정책연구소, 2022

- 김준연, 『글로벌 플랫폼경제의 부상 : 혁신론과 독점론을 넘어서』, 소프트웨어정책연구소, 2021

- 권기현, 임광업, 방유성, 『정의로운 공공기관 혁신 – 전략과 해법은 무엇인가?』, 한언출판사, 2014

- 롭 라이히, 메흐란 사하미, 제러미 M. 와인스타인, 『시스템 에러 – 빅테크 시대의 윤리학』, 어크로스, 2022

- 박개성, 『제 2의 정부, 공공기업 변화의 조건』, 엘리오앤컴퍼니, 2014

- 박명규, 이재열, 한준, 이원재, 강정한, 임이숙, 『커넥트 파워 – 초연결 세상은 비즈니스 판도를 어떻게 바꾸는가?』, 포르체, 2019

- 박진, 허경선, 조성봉, 『공공기관의 시장참여 기능 분석』, 한국조세재정연구원, 2013

- 배성기, 오수길, 윤진호, 임봉규, 『사회적 가치와 공기업 혁신』, 큰날개, 2020

- 변양균, 『경제철학의 전환』, 바다출판사, 2017

- 사이먼 보킨, 『플랫폼 경제, 협동조합을 만나다 – 플랫폼 자본주의를 넘어서는 새로운 제안과 과제』, 착한책가게, 2019

- 스콧 하틀리, 『인문학 이펙트 – 인공지능 시대를 장악하는 통찰의 힘』, 마일스톤, 2017

- 이명호, 『플랫폼 독점, 자유 민주주의를 위협하는가?』, 소프트웨어정책연구소, 2021

- 이수찬, 『공기업은 어떻게 혁신하는가』, 신화북스, 2016

- 이수연, 『플랫폼 기업의 골목상권 잠식과 대안』, 정의정책연구소, 2022

- 이태진, 정병두, 『공공기관의 사회적 가치창출 길라잡이』, 지엠컴퍼니, 2018

- 이화령, 『디지털 플랫폼 경제 쟁점과 정책 방향』, KDI 플랫폼경제연구팀장, 2022
- 원구환, 『코로나 이후의 공공기관 인력운영 방향 모색』, 한국조세재정연구원, 2021
- 조세현, 『코로나19 이후 정부혁신의 재도약을 위하여』, 한국행정학연구원, 2020
- 전승우, 『빠르고 유연한 린스타트업 경영, 대기업의 창의적 혁신에도 유용하다』, Donga Business Review, 2016
- 정보통신정책연구원, 『디지털 플랫폼 정책포럼 21년 최종보고회』. 과학기술정보통신부, 2021
- 최대식, 『공공기관의 변화와 혁신』, 레인보우북스(무지개사), 2020
- 최세정, 『카카오만의 방식으로』, 카카오, 2022
- 켄타로 토야마, 『기술 중독 사회 – 첨단기술은 인류를 구원할 것인가』, 유아이북스, 2016
- 클라우스 슈밥, 『4차 산업혁명의 충격 – 과학기술 혁명이 몰고올 기회와 위협』, 흐름출판, 2016
- 홍길표, 이립, 『플랫폼시대의 공공혁신 – 공동창조생태계가 답이다』, 한국능률협회컨설팅, 2016
- Michael E. Porter and Mark R. Kramer, 『Creating Shared Value』, Harvard Business Review, 2011

2. 논문

- 강문영, "국내 대표 온라인 플랫폼 기업의 지속가능경영", 상업교육연구, 제36권 제1호, 2022. 2.
- 김현경, "온라인 플랫폼 규제법안에 대한 비판적 고찰 – 「온라인 플랫폼 이용자 보호에 관한 법률안」을 중심으로 –", 선진상사법률연구, 제94호, 2021. 5.
- 이충한, "4차 산업혁명과 민주주의의 미래", 철학논총, 제91권 제1호, 2018. 1.
- 이승민, "온라인 플랫폼에 대한 합리적 규제 방안", 행정법연구, 제64호, 2021. 3.
- 장진호, "플랫폼 자본주의의 부상과 문제들", 인문과학연구, 제42권, 2020. 8.

3. 기타 자료

- 강원도민일보, 2021. 12. 15.자 기사, 강원도 경우 도관광재단 반려동물 스마트관광 플랫폼 구축

- 국민일보, 2021. 9. 23.자 기사, "문명사적 전환 몰고온 플랫폼 기업, 혁신의 길 여는 규제를"

- 경기도포털뉴스, 2022. 6. 13.자 기사, 반려동물에 대해 궁금하다면 '경기도 동물보호복지플랫폼'을 방문해보세요!

- 동아일보, 2022. 5. 18.자 기사, 재계 '新기업가 정신' 선언, 좋은 일자리 창출을 1호 과제로

- 매거진 한경, 2019. 1. 21.자 기사, 성공적인 '애자일 전환'의 3가지 조건

- 매일경제, 2022. 8. 1.자 기사, 강원도로 휴가 가는 사람들…치킨 먹으려면 '일단시켜'

- 매일경제, 2022. 8.11.자 기사, "공기업이 카지노 · 골프장 왜 뛰어드나…민간에 매각해야"

- 매일경제, 2021. 9. 10.자 기사, "배달이 공공재라니"…무분별 대선 공약에 발끈한 플랫폼

- 매일경제, 2022. 6. 22.자 기사, [단독] 플랫폼 규제보다는 자율로…과기부 전기통신법 손본다

- 매일경제, 2021. 2. 16.자 기사, 산으로 가는 플랫폼 공정화법…공정위 · 방통위 · 중기부 "우리가 주도"

- 미래한국, 2019. 1. 18.자 기사, 큰 정부일수록 크게 실패한다

- 민중의 소리, 2022. 1. 19.자 기사, "플랫폼은 디지털시대의 사회공유재 역할 해야"

- 물류신문, 2022. 6. 22.자 기사, '과열되는 퀵커머스 시장' 기대와 우려가 동시에…

- 머니투데이, 2022. 3. 9.자 기사, "'플랫폼=악(惡)' 편견 버려야…전통산업과 갈등, 조정해 달라"

- 머니투데이, 2018. 3. 2.자 기사, 공기업과 경쟁하는 스타트업..창업생태계 무너진다

- 법조신문, 2022. 3. 3.자 기사, 변협 '나의 변호사' 서비스... 베타 공개 사흘 만에 변호사 2000명 돌파

- 시사뉴스, 2022. 1. 20.자 기사, 윤석열 "반려동물 진료비 표준수가제 · 소득공제...개물림 예방조치 강화"

- 시사IN, 2022. 8. 29.자 기사,사양산업을 떠나지 못하는 노동자들

- 서울경제, 2022. 2. 2.자 기사, '주유소 사장님의 눈물'…정부 개입에 민간 5년간 757곳 폐업

- 서울경제, 2020. 9. 28.자 기사, "영업비밀" 구글 등 공개 거부 뻔한데...토종 플랫폼 역차별 우려

- 아주경제, 2022. 3. 29.자 기사, 대한변협, 무료 법률플랫폼 '나의 변호사' 출시..."'로톡', 경쟁상대 아냐"

- 이데일리, 2021. 5. 2.자 기사, [뉴스+] '나는 옳고, 너는 틀려'..본전 못찾는 식품광고

- 열린 정책 뉴스, 2022. 2. 23자 기사, '공공주도의 플랫폼, 실현가능한가? 정책토론회 개최

- 연합뉴스, 2022. 7. 29.자 기사, 플랫폼 자율규제 논의 본격화…내달 초 갑을 · 소비자분과 첫회의

- 중앙일보, 2018.11.19.자 기사, "금감원 · 경찰청 · 한전… 스타트업 아이디어 훔쳤다"

- 조선닷컴, 2022. 7. 29.자 기사, "세금 한번 조회하고 뒤통수 맞았다" 삼쩜삼 이용자들 분노

- 조선일보, 2021. 8. 19.자 기사, 정예 개발자만 골라냈다, 현대차가 꾸리는 조직의 정체

- 조선일보, 2021. 9. 23.자 기사, 무분별한 플랫폼 규제… 스타트업, 떡잎 되기도 전에 싹이 잘릴판

- 조선일보, 2021. 4. 26.자 기사, "불리한 입법 막아라"... 쿠팡 · 배민 이어 컬리 · 당근도 '국회 보좌관 모시기'

- 조선비즈, 2022. 3. 28.자 기사, "플랫폼이 갑질? 자율규제하자"… 네 · 카에 힘 실어주는 尹

- 중기이코노미, 2022. 1. 24.자 기사, 공공플랫폼, 디지털 생활SOC 관점에서 접근

- 전자신문, 2022. 4. 12.자 기사, 디지털플랫폼 생태계 혁신이 필요하다

- 전자신문, 2021. 11. 11.자 기사, "토종 플랫폼 성장 못하면 해외 기업의 놀이터로 전락"

- 전자신문, 2022. 7. 21.자 기사, 디지털 플랫폼 '자율규제' 설계 방향

- 한겨레, 2022. 6. 10.자 기사, [The 5] 쿠팡의 어디까지가 '혁신'일까?

- 한겨레, 2022. 7. 31.자 기사, 현대차 · 신세계도 콕 찍은 메타콩즈, 경영진 진흙탕 싸움에 '휘청'

- 한겨레, 2022. 6. 22.자 기사, 윤석열 정부, '플랫폼 규제' 업계 자율로…네 · 카 · 쿠 · 배 · 당 "환영"

- 한국경제, 2021. 8. 6.자 기사, 정부는 규제하고 이익단체는 고소…스타트업 "성장이 죄인가"

- 한국경제, 2019. 4. 6.자 기사, "문재인 정부 과도한 시장개입…개발연대 때보다 심하다"

- 한국경제, 2021. 2. 19.자 기사, '배민' 김봉진 재산 절반 기부를 바라보는 자영업자의 시선

- 한국경제, 2022. 7. 29.자 기사, 보안망 뚫리고 회삿돈으로 외제차 끌고… '1위 NFT' 고릴라의 민낯

- 한국비즈, 2021. 4. 16.자 기사, 돼지고기는 신선해야 가장 맛있다?" 정육각, 과장 마케팅 논란

- 한경비즈니스, 2022. 8. 14.자 기사, MZ세대 31.9% "ESG에 적극 참여 의사"…기업 진정성엔 의구심

- 한경 오피니언, 2022. 5. 18.자 기사, [안현실 칼럼] 정말 '민간이 끌고 정부가 미는 경제' 해달라

- 헤럴드 경제, 2015. 2. 24.자 기사, "특이점을 발견하라", 페이팔 창업자 피터 틸

- 투데이e코노미, 2022. 3. 29.자 기사, 대기업 진입...중고차 업계 '플랫폼' 중심으로 지각변동할까

- BLOTER. 2015. 2. 26.자 기사, 피터 틸 "성공하려면 크게 경쟁 말고 작게 독점하세요"

플랫폼 경제와 공공의 역할

플랫폼 경제는 공정 할 수 있는가?

초판 1쇄 발행 2022년 12월 20일

지은이 홍석민   **디자인** 디자인팜   **펴낸곳** 크레파스북
펴낸이 장미옥   **마케팅** 김주희

출판등록 2017년 8월 23일 제2017-000292호
주소 서울시 마포구 성지길 25-11 오구빌딩 3층
전화 02) 701-0633   **팩스** 02) 717-2285   **이메일** crepas_book@naver.com
인스타그램 www.instagram.com/crepas_book
페이스북 www.facebook.com/crepasbook
네이버포스트 post.naver.com/crepas_book

ISBN 979-11-89586-55-3
정가 15,000원

이 도서의 국립중앙도서관 출판예정도서목록CIP은 서지정보유통지원시스템 홈페이지(http://seoji.nl.go.kr)와
국가자료종합목록 구축시스템(http://kolis-net.nl go.kr)에서 이용하실 수 있습니다.